EL UNIVERSO DE LA SEGURIDAD: HACIENDO RETROCEDER EL MIEDO

Preciada Azancot

ulga3000
What is, will always be more

EL UNIVERSO DE LA SEGURIDAD: HACIENDO RETROCEDER EL MIEDO

Preciada Azancot

What is, will always be more

Título original:

"EL UNIVERSO DE LA SEGURIDAD: HACIENDO RETROCEDER EL MIEDO"

ISBN-13 : 9781508967224

Otros títulos editados por Tulga3000 Editores[1]:

COLECCIÓN LA CIENCIA:

"El MAT: Ciencia del Dirigente del Siglo XXI"

"El esplendor de lo humano"

"El Dirigente Civilizador"

"El Estratega Pacificador"

"Metametodología MAT de la Innovación y de la Creación"

"Librarse de las enfermedades y de paso, aterrizar en la sensatez"

COLECCIÓN EMOCIONAL:

"El Universo del Desarrollo: Eliminando la Tristeza"

"El Universo de la Justicia: Erradicando la Rabia"

"El Universo del Estatus: Conquistando el Orgullo"

"El Universo de la Pertenencia: Obteniendor el Amor"

"El Universo de la Plenitud: Instalándose en la Alegría"

"Sociópatas de cercanías"

CUENTOS: ——————————————

---

[1] Algunos títulos se encuentran en proceso de edición en el momento de publicar el presente libro. Estarán todos disponibles a lo largo del año 2013.

"La niña que hacía reír a Dios"

"Cuentos de la abuela"

COLECCIÓN DIÁLOGOS:

"Sí me indigno, ¿Y ahora qué?" "Un cielo de andar por casa, en cada fase de nuestra vida. Parte primera". Ambos escritos junto con Antonio Gálvez.

Los catorce de Preciada Azancot.

"La vida que naciste para vivir", de Juan Manuel Soto

Obras de Preciada Azancot en francés:

"La petite fille qui faisait rire Dieu"

"Le point zéro: MAT, Métamodèle d'Analyse Transformationnelle"

Obras de Preciada Azancot en inglés:

"The Little girl who made God laugh"

"The Universe of Safety: Making fear retreat"

"The Splendour of the Human Being"

"Yes, I'm outraged. Now what?"

Todos estos títulos puede adquirirlos en Amazon y directamente en nuestra Web – www.tulga3000.com – tanto en formato papel como en formato e-book.

En memoria de Leopoldo Azancot, genio de la seguridad, con quien me sentí a salvo. Siempre.

INDICE

1

¿QUÉ ES EL MIEDO?

Lunes 8 de Diciembre del 2003:

Si tuviéramos que escribir nuestro Diario sobre nuestro nivel de Seguridad en cada momento de nuestra vida, encontraríamos excesivos altibajos cuyas causas parecerían, para nosotros y aún más para nuestro lector, incomprensibles. Yo fui una temeraria. Nada me asustaba y encontraba que, a mi alrededor, la gente era muy "cobarde". Anteponía su seguridad a cualquier nuevo reto que les presentara la vida. En cuanto a mí, no retrocedía ante nada ni ante nadie, por más poderoso o encumbrado que éste fuera. Eso me valió muchos triunfos pero también muchas lágrimas esencialmente por dos razones: por un lado, no medía bien mis fuerzas, y me lanzaba, a pecho descubierto contra todos los peligros, y de manera agresiva además, y, por otro, no sabía calibrar el nivel de toxicidad de las personas, pues, para mí, todo el mundo era bueno, así que tuve que sufrir un sinfín de traiciones y de malas sorpresas con la gente. Yo tenía un perfil de torera, pues una mujer torero es una torera, y me lanzaba contra los peligros y los retos que hacían retroceder a los demás, y, es más, debo confesar que la sola palabra "reto" ya era suficiente para excitarme, para que me precipitara, convencida de que ningún imposible lo sería para mí. Esto me valió marcadas victorias, y una reputación de heroína, pero me entristecía que los demás, en vez de seguirme, como la gran líder que creía ser, retrocedieran y me dijeran "nada más que de pensar en ti o en tu vida me dan sudores de miedo". Y, el tratarlos de cobardes no arreglaba el problema, el hecho era que, siendo las personas lo que más me importaba, en vez de animarlos con mi conducta, los disuadía de seguirme.

Tenía un amigo íntimo, Pedro, que se quejaba siempre de lo contrario. A él lo paralizaba de miedo cualquier cambio en la vida. Mudarse de barrio ya constituía para él una prueba terrible y se lo pensaba durante meses de insomnio. Y eso que tenía una oferta de trabajo magnífica a dos pasos de su futura nueva vivienda. Mientras tanto, yo cambiaba de continente y comenzaba mi vida de cero, sin ningún conocido a mil leguas a la redonda, sin trabajo, y con tan solo unos miles de euros en el bolsillo. Ya estaba instalada en un nuevo y magnífico trabajo, en una vivienda exótica, rodeada de amigos entrañables cuando aún mi amigo no se había atrevido a cambiar de barrio. Intercambiábamos e-mails, mi amigo y yo, con regularidad. Cada uno era para el otro un tipo de espejo para soñar: él soñaba mi vida llena de cambios, de logros, de aventuras, mientras yo soñaba la suya, repleta de raíces, de apegos, de amigos de toda la vida, de pequeñas costumbres y de hábitos entrañables. Pensar en él era para mí una suerte de hogar, de patria. Él me decía que, pensar en mí era para él un balón de oxígeno dentro de su agobiante rutina.

Entre nosotros dos existía todo el abanico de las diferentes maneras de ser de las personas. Las había demasiado prudentes, de las que no se atrevían a realizar ningún cambio, ni siquiera tirar viejos papeles y utensilios que ya no le servían para nada, pero que ¿quién sabe?, podrían algún día ser de utilidad. Las había frívolas y consumistas, que corrían detrás del cambio y de la vitrina por el mero gusto de cambiar, de estar a la última moda. Pero una cosa sí estaba clara: *la sensación de SEGURIDAD era proporcional para todos, a su nivel de miedo, pues donde hay miedo, no hay seguridad.* ¿Pero no era esto, en el caso de mi amigo y mío un espejismo, también? Pues yo, que jamás valoraba ni siquiera la palabra seguridad, que, es más, me causaba —esa palabra- repeluzno y asco, ¿acaso no soñaba con raíces? ¿Acaso no era yo, y de eso me ufanaba, confieso, muchas veces para no llorar, como un nómada en el desierto, con la gran diferencia de que el nómada marchaba con su tribu a lugares repetidos y conocidos, mientras que yo andaba por el mundo sin ancla? ¿Acaso no era yo un barco a la deriva? ¿Y él, que se quejaba de morir de tedio y de asfixiante rutina, que desarrollaba todo su universo dentro de un radio de dos kilómetros, 50 en vacaciones, ¡vale!, con los viejos conocidos que arrastraba sin sorpresas desde el *kinder garden*, con una esposa de su mismísimo perfil psicológico, que había terminado abandonándolo por cansancio, con sus muebles trasnochados heredados de la abuela, con una mentalidad de anciano achacoso e hipocondríaco, con gustos culinarios super conservadores y repetitivos, ¿acaso no era ya piedra, lápida de la piedra de la tumba donde lo enterrarían?

Entonces me propuse estudiar el miedo y la seguridad a fondo, y lo convoqué para que hiciéramos equipo, lo que aceptó encantado, pues Pedro soñaba con tener una vida llena de emociones, de libertad y de altos vuelos como la mía *pero sin asustarse, sin sudar ni temblar* y yo soñaba con raíces profundas, con amigos entrañables, con el reposo del guerrero *pero sin morir de asco de mí, sin aburrirme ni despreciarme.* Lo que sí pude ver inmediatamente fue, siendo una mujer de liderazgo y de equipos, que nuestro grupo de investigadores no estaba completo: había el blanco y el negro, pero faltaban todos los matices. Se lo comuniqué a Pedro, y le pareció fascinante la aventura, sobre todo que la haría desde su sillón preferido, y me dejó al cuidado de seleccionar a los demás miembros del grupo investigador.

Al cabo de una semana, pues soy muy rápida, ya tenía a cuatro personas más. Entre los seis cubríamos el espectro de la raza humana, al menos en lo que a seguridad y miedo, tema de nuestra investigación, se refería. Incorporé a Eduardo, aún más temerario que yo; ése, ya directamente, no es que se contentara, como me pasaba a mí, con excitarse frente a un reto, sino que se lanzaba a toda velocidad por la vida, y amaba el cambio, no como medio, sino como fin en sí. Corría suicidamente con el coche, hacía *puenting* y se lanzaba al vacío con temblores de gusto, cambiaba su guardarropa con cada nueva moda, era adicto a las compras, y también, por qué no decirlo, al juego y al alcohol, y contaba que la experiencia más excitante de su vida la había tenido en el mar Caribe, en un pequeño bote ¡rodeado de tiburones!

También incorporé a Eva, una persona más "normal" que nosotros tres, que tenía una extraña, a mi modo de ver, relación con la seguridad y con el miedo: ella sólo le tenía terror a lo que, para los demás, era motivo de orgullo, como por ejemplo, a elegir un vestido, pues siempre creía que no escogería el adecuado, a hablar en público, a aceptar un trabajo de más estatus, y, sobre todo, a crear, a inventar. Siempre se encontraba miles de cosas importantes que hacer con tal de no enfrentarse a su fobia de asumir su orgullo y de sentirse importante por ello. Se "abrumaba" corriendo detrás de su copada agenda, y no dejándose un minuto para inventar nada propio. Decía de ella que era una hormiguita, siempre trabajando laboriosamente, de sol a sol, y que su perfeccionismo la asfixiaba. Tampoco se sentía segura en la vida. Y prometió investigar con nosotros, como nunca antes en su vida. De hecho, en nuestra primera reunión de trabajo, llegó con treinta libros y cincuenta revistas que trataban el tema. Ella los había leído todos y aseguraba que ninguno traía un tratamiento definitivo ni serio sobre el tema y que, además, todos los enfoques adolecían de falta de cientificidad.

Se nos unió también Roberto, un poco a regañadientes, pero se animó a quedarse cuando Eva habló de su problema con el orgullo. Afirmó que "él tenía también un rollo con el orgullo pero al revés", que a él no le asustaba inventar, al revés, que él si no inventaba se moría, pero que pensaba que la gente era imbécil, y que envidiaba a los creadores como él, con lo cual, también se reservaba el derecho de proclamar sus hallazgos, no fuera que le dieran patadas a su dignidad. En verdad, Roberto era un gran rebelde, muy informal, a veces mal hablado, provocador, tierno y amigable como un gatito y libre e independiente como él. Yo sentía una ternura muy especial por él, lo veía fundamentalmente bueno e inocente debajo de su "pronto" muy arisco. Ya teníamos una hormiga y un gatito.

Maite se incorporó a nuestro grupo de investigación con su dignidad erguida, aduciendo que ella era una persona totalmente normal y que reaccionaba como se debía, en cada momento. La aplaudimos muy fuerte y le hicimos varias preguntas. Terminamos por detectarle también varias anomalías pues ella le tenía también miedo al cambio, no porque éste no le fascinara, pero era demasiado tradicional y amante de sus rituales, y exigía, antes de decidirse a un cambio, que éste fuera totalmente seguro y que no hubiera a causa del mismo, víctimas inocentes que no habían elegido ese cambio y que podían padecer sus consecuencias. Pero, lo que más temía, era la entrega a gente desconocida. Comprometerse con alguien que no fuera su amigo desde hace veinte años, amar a gente fuera de la familia y sobre todo de su santísima e idolatrada progenitora, era demasiado "irresponsable" a su juicio. Le tenía miedo al amor. Lo que para mí era un contrasentido, ya que yo ponía el amor en lo más alto y fácil de la escala de lo humano. Maite era elegante, educada e idealista como un caballo, y, como él, noble y fiel.

Así que ya teníamos al completo nuestro pequeño zoológico, definí rápidamente a Pedro como la tortuga y a mí como al colibrí, pues el ave fénix, con el cual mejor me identificaban, no está entre los animales normales.

2

BUSCANDO UNA DEFINICIÓN

Lunes 22 Diciembre del 2003:

En nuestra primera sesión debatimos largamente sobre "qué es el miedo", buscando una definición. Pues la del diccionario no nos valía. Ninguna definición de emociones de un diccionario nos podía valer ya que la mayoría de las veces emplean sinónimos para definirlas y, también, sólo dan cuanta de un aspecto muy limitado de la emoción. Pues *miedo es una emoción, un sentimiento*. En cuanto al término Seguridad, todos convenimos que era en realidad "falta de miedos", que esa sí que era su mejor definición. Era más *fácil definir la seguridad como la ausencia de miedo que por la incorporación de cosas*.

En efecto, vimos que para Pedro, el respeto era lo que más le hacía sentirse seguro, para Eduardo el cambio, para Eva, la inteligencia, para Roberto la justicia, para Maite la responsabilidad y para mí la amistad. Luego, todos estuvimos de acuerdo en que, además, para sentirse seguro, había que tener un mínimo de certezas: algo de dinero, suficiente para sobrevivir, un techo, un seguro de salud y poco más, eso en cuanto a miedos básicos de supervivencia.

Pero todos vimos inmediatamente que había cosas, esenciales y maravillosas, que, de no tenerlas, nos hacían el efecto de un **agujero negro**, como si nuestra vida estuviera echada en saco roto si no lo consiguiéramos: para Pedro, la sensatez, la claridad, la racionalidad; para Eduardo la seguridad en la fiabilidad del otro y de sí; para Eva, la justicia; para Roberto la dignidad y la creación; para Maite la solidaridad; y para mí el cambio y la espiritualidad. Si no conseguíamos eso tan maravilloso, tendríamos todos la sensación de una vida sin sentido, una vida perdida, una vida sin vivir, pura futilidad aunque, y eso, nos lo juramos mutuamente, aunque lográramos tener cien millones de euros, y todo lo que, para los demás, representara ese "plus", esa consagración, ese haber alcanzado la cima de nuestras vidas. Como éramos honestos, como ha de serlo un investigador, y jóvenes, y sinceros, vimos muy bien dos cosas:

Primero y principal, que sin ese "algo muy especial", repito: la sensatez para Pedro, la seguridad emocional para Eduardo, la justicia para Eva, la creación para Roberto, la solidaridad para Maite, el cambio y la espiritualidad para mí, ninguno de nosotros dejaría de sentirse inseguro, en lo hondo. Pues, de eso ya no teníamos dudas ¿quién es el tonto que podría sentirse seguro con una vida no vivida, no realizada? Solamente un tonto, por definición.

Segundo y esencial, ¡descubríamos que, precisamente, en la zona que nos era a cada uno fundamental, era donde más inseguros nos sentíamos, donde le teníamos terror a penetrar, a aventurarnos! Había en cada uno de nosotros, una profunda, una hondísima convicción de, al tiempo, haber nacido sólo para ese algo maravilloso, y, desgraciadamente y también, que ese algo maravilloso era algo fácil de lograr para los demás, pero casi imposible para nosotros. Y el tópico "nada es perfecto" o, este otro, "cada uno desea lo que no puede tener", no nos servía de consuelo, es más, nos enfurecía, a todos salvo a Eva, que lo aceptó resignadamente, justamente, porque a ella lo que la llenaba de verdad era la justicia, y le costaba mucho expresar rabia para protestar y obtenerla, para luchar por ella, ¡ella, para todo el resto de la tareas, tan voluntariosa, tan paciente y constante! Se lo dijimos a coro, y eso la hizo quedarse muy pensativa.

Entonces yo señalé que había que encontrar una definición universal del miedo, una definición que nos satisficiera a todos. Tras mucho debate llegamos a la mejor, que trajo Eduardo, por cierto:

Miedo es la capacidad innata de percibir las amenazas a nuestra integridad o a la del otro.

Esta definición nos encantó a todos porque daba cuenta de todo lo que, no sólo podía asustarnos, sino que, mucho más importante, ¡debería asustarnos! si es que pretendíamos funcionar bien.

Entonces hicimos un ejercicio todos, listando a qué cosas teníamos más miedo y salió esta lista:

- ✓ A la muerte; la nuestra y la de nuestros seres queridos.
- ✓ A la enfermedad.
- ✓ Al fracaso.
- ✓ A la maldad.
- ✓ A la vida no vivida en plenitud.
- ✓ A la miseria.

✓ A la soledad.

✓ A los enemigos.

✓ A los dictadores.

✓ A equivocarnos de camino.

✓ A elegir mal a nuestro entorno.

✓ A la necedad, causa de casi todos los males.

✓ Al sufrimiento.

✓ A dañar.

Salieron muchos más miedos, pero conservamos éstos, porque estimamos que los demás eran resultados o consecuencias de éstos. En cuanto a los temores fundamentales relativos, esos que acabo de listar y que eran para cada uno de nosotros lo peor que le podría pasar, entraban en la categoría de "la vida no vivida en plenitud" pues, para cada uno de nosotros ese algo esencial era su forma de acceder a esa plenitud. Tanto ese miedo, como todos los demás, amenazaban nuestra integridad y la integridad ajena. Eran adecuados a la definición elegida.

Verificamos uno a uno cada miedo y nos aseguramos de que todos y cada uno de ellos constituyeran una amenaza, un riesgo mayor para nuestra integridad, nuestro equilibrio, nuestro bienestar.

Así, la muerte propia o ajena, que siempre acechaba y pocas veces avisaba, era la mayor pérdida posible de nuestra integridad, pues nos hacía desaparecer, al menos, en esta vida.

La enfermedad nos dejaría, al menos, disminuidos, cuando no totalmente incapacitados; perderíamos nuestra entereza.

El fracaso nos menguaría grandemente nuestra seguridad en nosotros mismos y en el equipo que nos acompañe; la integridad se vería mermada.

La maldad era como una serpiente venenosa cuya mordedura nos dejaría gravemente dañados y afectados.

La vida no vivida en plenitud era como un mal borrador de lo que podríamos haber tenido y que hemos perdido.

La miseria nos incapacitaría para dedicarnos a otra cosa que no sea la mera supervivencia y viviríamos sin dignidad.

La soledad nos privaría de nuestra integridad igualmente porque el hombre no nació para estar solo cuando no lo desea.

Los enemigos eran, por definición misma, una amenaza permanente y socavada.

Los dictadores y todos los maníacos del poder constituían una amenaza para la integridad personal, ya que era suicida contradecirlos; y grupal, ya que estaríamos abocados al embrutecimiento y a la sumisión.

El equivocarnos de camino en la vida era una amenaza grande, ya que el tiempo no era un bien inagotable y todo aquél perdido ya no serviría para nada.

El elegir mal a nuestro entorno nos podía poner en la cercanía de los peores, de los más peligrosos y tóxicos, amenazando nuestro bienestar y hasta nuestra integridad física y psíquica.

La necedad nos abocaría a una vida no vivida, a la esterilidad y a la ceguera ¿quién no le tendría miedo?

El sufrimiento daña y hace sufrir en demasía; era una perspectiva reductora.

El dañar era infligir sufrimiento a los demás. Sufrimiento innecesario.

Lo que nos sorprendió pero, que, al no entenderlo aún, decidimos dejar para cuando estuviéramos más avanzados, fue que el miedo no enfrentado, no asumido, llevara tan ineluctablemente a la tristeza, a la pérdida. **El miedo era, pues, la anticipación de la tristeza que se trataba de evitar justamente teniendo miedo, protegiéndonos así para que no ocurra lo triste.**

3

MIEDOS AUTÉNTICOS Y MIEDOS FALSOS

Lunes 29 de Diciembre del 2003:

La segunda sesión la dedicamos a investigar más, a hondar más en el miedo y en la seguridad y **nos dimos cuenta de que la Seguridad era la FUNCIÓN BÁSICA DEL MIEDO, es decir, su finalidad.** Pero es que soy tan dadivosa que empiezo por el final, para no fomentar esperas fatuas. En la reunión de investigación de la semana anterior –pues nos reuníamos todos los lunes entre las seis de la tarde y el alba- habíamos definido la seguridad como siendo la "ausencia de miedos", pero, y eso nos pareció contradictorio, también habíamos visto claramente que el miedo era algo muy necesario, y hasta vital, ya que nos alertaba contra amenazas, que, de no ser atendidas, de no ser frenadas, nos depararían sufrimientos sin fin, abocándonos a la tristeza.

La estrella de esta segunda reunión fue Roberto, nuestro gatito, ya no tan arisco.

Llegó arrastrando zapatillas deportivas, con sus sempiternos tejanos, no muy pulcros la verdad, las manos en los bolsillos y encontrando "peros" a todo lo que decíamos, al menos, al comienzo. Tenía ojos chispeantes de gozo al enterarse del tema central de nuestra investigación del día, pero se propuso ante todo demostrarnos que no éramos tan listos como creíamos ser, al menos, y también, al comienzo. Enseguida me di cuenta de que ese tema debía ser de mucha importancia para él, porque, en vez de dejar que los demás se enfadaran cada vez que le encontraba defectos e insuficiencias a nuestras ideas, yo abogué por él y aventuré que si no nos daba un 10 era porque seguramente él tenía una idea que merecía un 20 y no nos consideraba lo bastante inteligentes como para soltarla sin más, sin previa preparación. Me miró como un niño frente a su primer pastel de cumpleaños y dijo "¡Tú sí que me entiendes tía, eres un buen rollito!" Sin darle importancia a las cejas en alto, reprobadoras, de Maite, que, de seguro consideraba ese desparpajado vocabulario indigno de nuestro nivel social e intelectual, le di a Roberto sendos besos -y sonoros- en los cachetes y le pedí "¡Cuenta, cuenta!". Entonces conocimos lo que se llama el deleite.

Y es que -nos explicó Roberto-, el miedo esencial lo era si temiéramos perder lo valioso, lo bueno, y sobre todo lo certero, como perder un billete premiado de lotería, premiado con el primer premio. Porque perder un *kleenex* usado, por ejemplo, no tendría especial relevancia. O perder un cáncer, aún nos debería asustar menos. Por eso, decía, **perder la vida era lo más acuciante, y perder el tiempo sin vivir nuestra vida plena, era lo segundo más importante. En tercer lugar vendría dañar a personas buenas, y en cuarto lugar elegir mal nuestro entorno.**

Después de un debate corto, todos estuvimos de acuerdo en esa jerarquía de amenazas contra nuestra integridad.

Entonces Roberto nos demostró que habíamos mostrado todos merecer el grupo que conformábamos porque esa jerarquía demostraba que éramos, cuanto menos, inteligentes y buenas personas. Pues la gente necia, luego perversa, elegía justamente al revés su escala de temores. Y, ante nuestro aire algo tarado, he de confesar, nos mostró que, en efecto, un necio, por definición, se amputa primero de su alegría de vivir, controla luego la vida de los demás, se enorgullece de dañar porque cree tener así el poder, y se rodea de los peores puesto que nadie más aguanta vivir cerca de él y funda así un club de los muertos vivientes. Por el repeluzno que nos dio tal descripción entendimos lo que nos quería decir: *éramos inteligentes y buenas personas, entonces deberíamos tener ya esa seguridad básica de partida, con lo cual los miedos a ser amenazas contra la integridad propia y ajena se alejaban para siempre de nosotros.* Pues ahora "ya más que nunca, teníamos un nosotros, del cual sentirnos orgullosos" –apostillé yo, no perdiendo una sola ocasión de unir al grupo.

Y ahora sí, había llegado la hora, tras estos prolegómenos, de sentarnos a examinar, qué diferencia había entre los diferentes miedos que podíamos sentir, o, dicho de otro modo ¿bastaba sentir miedo para que ese miedo fuera fundamentado? "Sí... pero, no." sentenció nuestro genio del atardecer. Cierto era que si sentíamos miedo lo vivíamos como tal ¿qué remedio? Sentíamos los síntomas del miedo: nuestro corazón se aceleraba, sudábamos frío, se nos helaban las manos, tartamudeábamos, y además, señaló Roberto, nos inflábamos como sapos, pues el miedo infla, sentenció. Pedro dio testimonio de ello, pues él, que tan obsesionado estaba con la seguridad, siempre suspiraba al mirar la báscula, pues estaba más que rellenito, regordete, diría yo. Y todos prestamos juramento de que Pedro, si a eso íbamos, comía menos que todos nosotros. Ilusionado, nuestro amigo aventuró que tal vez, al reducir sus miedos perdería centímetros de cintura también, y miró a

Roberto que solía dejar la nevera vacía cada vez que la visitaba y que seguía siendo tan espigado y etéreo como un junco.

Entonces escuchamos la lista de las cosas que asustaban a Pedro. Para ser breves y resumir, yo diría que menos estar dormido, todo lo demás, y, ni aún eso, pues como era hipocondríaco, a veces se despertaba bañado de sudor pensando que tal vez moriría durante el sueño.

"¡Qué horror! –exclamó Maite, menos mal que yo tengo miedo básicamente a una docena de cosas". A todo esto, Eduardo no había abierto la boca durante toda la tarde, y nos miraba fascinado, pues él no conocía el miedo y solía pagar caro para sentirlo en los parques de atracciones. Pero se entristeció y se puso meditabundo cuando todos nosotros le aseguramos que nosotros sí que sentíamos miedo de estar con él, pues conducía a tumba abierta, tomaba riegos delirantes, rozaba la bancarrota en los casinos, y, lo que era peor que todo, invadía el espacio exterior e interior de la gente, pues entraba a saco sin importarle manipular a todo aquél al que quería convencer de sus innegables atributos de vendedor y de seductor. Eduardo, en efecto, era de los que te llamaban por teléfono en plena noche, y, sin preguntar si molestaba o no, te largaba una arenga de media hora, con velocidad endiablada, sin dejarte tiempo de protestar. Era de los que, si le apetecía comer chino cuando todos habíamos quedado en ir a degustar un cochinillo asado, nos embaucaba con lisonjas, chantajes emocionales, promesas de eterna gratitud, en fin, que nos llevaba de las narices por los imprevisibles meandros de sus caprichos. Y, una vez, vale, pero terminábamos prefiriendo no contar con su compañía porque nos sentíamos usados, utilizados, y así se lo dijimos. Le teníamos miedo. No le gustó nada. Pero, como en el fondo era bueno, se quedó con nosotros sin enganchar contra la provocación de Roberto quien le espetó: "¡Sí hijo, a ver si aprendes a, por lo menos, tenerte miedo a ti si no quieres morir más solo que la una! ¡Eres una amenaza contra nuestra integridad!".

Y Roberto sentenció: *"un miedo es verdadero si desaparece cuando se ponen límites y normas para defenderte de él"* Por ejemplo, le dijo a Eduardo que, si dejaba de manipularnos a todos, nos sentiríamos más seguros y disfrutaríamos de su compañía. Entonces descubriríamos que era divertido, ocurrente, imaginativo, afectuoso, y ¡hasta romántico, fíjate tú! Y que si no, pues el temer ser llevados hacia donde no elegiríamos ir, no nos compensaba. Entonces Eduardo, ante nuestra gran sorpresa, le dijo a Roberto: *"Eres la persona más importante que se haya cruzado por mi camino, pues siento tanto placer como con los tiburones, pero con la SEGURIDAD de que este placer es más duradero".* Y prometió ser complaciente y considerado, y lo cumplió a rajatabla.

"Otro ejemplo", añadió Roberto, con lágrimas de ternura en la mirada, que, de brillante, pasó a convertirse en deslumbrante, -y así entendimos que había entregado su corazoncito a su ya amigo Eduardo-, "si la puerta de tu casa no tiene cerradura, y si se le pone una, duermes más seguro. Si hay ladrones por tu barrio y sabes que la policía está rastreando y acechando, y que basta llamarla para que acuda de inmediato, paseas más tranquilo que si supieras que todos están de huelga ¿no?". Sacudimos la cabeza de arriba a abajo en señal de aprobación.

Así vimos, por ejemplo, que si nos protegemos contra los riesgos físicos, nuestra seguridad frente a la muerte disminuiría. Si nos proponemos no dejarnos dañar y no dañar, respetando más a los demás, nuestro miedo a vernos mal rodeados se alejaría, así como nuestro temor a dañar lo bueno. Si nos abocáramos a afrontar los retos y los cambios, nuestro temor a tener una vida no vivida se alejaría. Y tendríamos mucha más seguridad en nosotros mismos y en el mundo. Y me dieron como ejemplo genial para esto último. Yo me sonrojé, muy complacida.

Entonces Pedro, muy animado, dio ejemplos de miedos suyos que no desaparecerían con límites ni con normas, "ni siquiera con normativas" –añadió risueño. Y nos puso una ristra de ejemplos, como su hipocondría, su temor al cambio, su miedo a ser rechazado si se entregaba, su miedo a la entrega, su miedo a decir "no", su miedo a pensar -sobre todo- por miedo a deprimirse si lo hacía, y, esto último era su mayor tortura y un círculo vicioso.

Eva alzó las cejas y las frunció tras sus modernas gafas, pues ella se quejaba, por lo contrario, de no poder dejar de pensar. Entonces Roberto explicó que justamente, estábamos ilustrando la diferencia entre *miedos auténticos y falsos miedos*, y que, justamente, los primeros, -los auténticos- nos garantizaban la seguridad, mientras que los segundos, los falsos, nos instalaban en la inseguridad. Aplaudimos a coro esta brillante demostración.

Y todos dimos ejemplos de nuestros miedos falsos, los que, precisamente, nos hacían más endémicamente inseguros, los que no podían ser eliminados con normas, y que, por el contrario, si se evitaba hacer frente a ellos, nos perseguían y nos empobrecían más. "Exactamente como lo haría un chantajista" – apostilló Eva- "más dinero le das, y más goloso y desaprensivo se pone". Y dio el ejemplo de su miedo a crear, a innovar y de su aún más gran miedo a expresar rabia. "¿Y cómo te sientes frente a ese chantajista?" le pregunté yo. "Siento mucha rabia" –respondió Eva, muy encendida. Entonces todos la aplaudimos porque había conseguido expresar rabia y sentirse mejor y más vital que nunca.

Entonces aventuré que tal vez nos pasaba con las emociones falsas lo mismo que a Eva, *¿acaso era rabia la emoción auténtica que sentíamos cuando expresábamos equivocadamente falso miedo?* Esta nueva pista apasionó a todos, y nos pusimos a examinar su validez:

Pedro retomó su lista de miedos falsos, -de fobias, precisé yo- y constatamos que, en efecto, todos ellos eran fobias, es decir, rabia por creer falsamente que no merecía aquello que tanto lo hacía feliz, rabia contra mentiras que se había tragado en su falsa concepción de sí mismo.

Esto era lo más apasionante y valioso de todo lo que habíamos descubierto. Y nos propusimos dedicar toda la tercera sesión a este tema: "¿La fobia, o miedo falso, era en realidad una descomunal rabia que no nos atrevíamos a expresar, a soltar, y por qué, y contra quién iba en verdad esa rabia?".

Entonces, cuando ya me levantaba para despedirlos, Roberto me cogió de un volante de mi falda y exclamó. "¡Heppa, niña temeraria! ¿A dónde crees que vas?" y me volví a sentar, pues era verdad que yo también tenía un problema parecido al de Eduardo, aunque se manifestara de manera contraria al de éste. Como no sabía por dónde clavarle el diente, Roberto cerró con broche de oro la sesión analizando magistralmente mi caso. "Es que tú te pasas de buena, y eso es muy peligroso para todos" – lanzó él. "¿Cómo que para todos?" –exclamé muy alarmada, asustada de, tal vez, poner en peligro a los demás- "para mí, vale, pues abusan de mí, eso sí lo acepto, pero me horrorizaría ser una amenaza para los demás, ¡si yo me paso de protectora!"- dije casi al borde de las lágrimas. "¡Pues sí, palomita, sí que eres un peligro, y doble; para los demás: en primer lugar, dejas de poner límites necesarios a los peores, y todos los que estén en tu entorno han de calárselos por amor a ti, y, en segundo lugar, te sientes mejor persona que nosotros a nuestra costa pues ese amor excesivo no es sino miedo no vivido, no asumido; es falso amor, así que, no te hagas, palomita, no te hagas!" Entonces yo también repetí la frase de Eduardo: era lo más útil y sano y sincero y liberador que me hayan dicho nunca. Y besé en la mejilla a mi amigo y pedí perdón, muy aliviada, a todos. Y, esa noche, por primera vez, dormí de un tirón y como un bebé.

4

DESCODIFICACIÓN DE MIEDOS FALSOS

Lunes 5 de Enero del 2004:

Y llegó el lunes siguiente y, con él, mis cinco amigos, ya cercanos. Nos deseamos que el año 2004 fuera el más importante y seguro de nuestras vidas.

Esta vez la estrella fue Eva, nuestra incansable hormiguita. Como siempre llegó sin aliento, y con veinte minutos de retraso. Como siempre, corría tras el reloj y tras su agenda, como siempre, éstos dos, iban tres pasos por delante de ella. Ella corría y corría, siempre atareada, pulcra, delgada y frugal, honesta y pura. También traía un montón de documentación y el acta de la reunión anterior preciosamente diseñada. Muy azul ella, como su vestido de corte clásico y sencillo, aunque caro y elegante. Por primera vez me fijé en ella y la encontré muy bonita. Y es que, antes, se escondía siempre tras sus gafas de concha, que había cambiado por otras de montura invisible y casi invisible soporte de titanio. Me fijé en la pureza de las líneas, muy clásicas, de su rostro, y en la perfección de su nariz romana, y en su abundante y casi lujuriante melena caoba rojizo, que se había dejado suelta. Por la manera en que se sonrojó al saludar a Eduardo, adiviné que tal vez había hecho todos estos cambios favorables para él. Y entonces vi que él también lo había interpretado igual que yo y que se sentó a su lado. Muy cortés y considerado, muy atento, halagado y presumido, eso sí. Ella se puso muy colorada y bajó las pestañas, batiéndolas. Eduardo propuso llamar a un restaurante chino porque sabía que ésta era la comida preferida de Eva, y todos aplaudimos, a esa idea, y al buen vino que Maite había traído. Nos precisó que lo había conseguido directamente del criador, un amigo suyo de la región del Duero, y que este vino daría mucho que hablar. En verdad resultó soberbio, como todos los sabores recomendados por Maite, por lo demás.

Empezamos despacio, sin prisas, porque Pedro se sentía muy asustado por el tema de hoy. Nos confesó que había pensado por un momento en ir a su curso de yoga en vez de venir, de lo nervioso que se sentía, pero que, por una vez, había podido desafiar su miedo a pensar. Pero sudaba más que de costumbre, lo que no era poco. Llevaba su camisa gris empapada. ¡Y no hacía especial calor esa tarde de invierno madrileño! Además me pareció algo más rellenito que de costumbre, lo que tampoco era moco de pavo, era como si se hubiera hinchado como una esponja.

Así que, contrariamente a lo que mi primer impulso me hubiera dictado, no empezamos por él. Arrancó Maite y me pareció que su tono era algo defensivo, como desafiante cuando nos lanzó "¡No sé a quién se le ocurriría decir que por ejemplo mi miedo a la irresponsabilidad encierra, en realidad, rabia auténtica que yo transformo en falso miedo! ¿O es que no hay que tener miedo a la irresponsabilidad?"

"Danos un ejemplo de lo que tú calificas como irresponsabilidad" –le pedí suavemente, sonriendo y cabeceando para tranquilizarla- "y no, a la irresponsabilidad hay que tenerle rabia, no miedo. No constituye una amenaza sino un incumplimiento de las reglas del juego."

"Pues a mí me da miedo, por eso me cuesta mucho delegar y cuando lo hago, me voy intranquila, asustada" –respondió.

"¿Porque partes tal vez de la convicción de que lo demás no son tan responsable como tú?" –insistí- "y si es así, ¿es acaso porque no sabes elegir a tus colaboradores?, pues en tal caso sí que es una razón de miedo, pero de miedo a rodearse mal, y ese miedo ha de surgir antes de seleccionar a tus colaboradores, no después."

"No, ¡qué va! Mis colaboradores son personas máximamente calificadas y de extrema confianza, soy yo, es mi perfeccionismo que me hace temer ser responsable de que algo salga mal y de, en tal caso, no haber estado en guardia para evitarlo o remediarlo. Me pasa igual en casos aún más alejados de mi control, como por ejemplo cuando veo a los demás divertirse o bailar en una fiesta, siento irritación, siento que son irresponsables que lo más probable es que hayan dejado sus deberes a medio hacer, sin más, y se han abocado al relajo."

"Y ¿cuándo estimas tú que tenemos derecho a disfrutar, después de muertos tal vez?" – apostilló Eduardo, casi indignado.

"En lo que hace a mí, desde luego," -confesó Maite- "pero en lo que hace los demás, sólo pido que sean más cumplidores de sus obligaciones, pues no es tan importante reír y bailar ¿o sí?"

"¿Y ese miedo a incumplir no es precisamente rabia contra una idea absurda que te has metido o dejado meter en la cabeza, una falsa creencia de que tú eres responsable de que el mundo no se caiga al vacío si tú dejas de sostenerlo? ¿Tú quién crees que eres, Atlas acaso?" – pregunté alarmada.

Entonces Maite bajó la cabeza y se puso a llorar quedamente, mansamente, y se me partió el corazón por haberle puesto el dedo en la llaga. Me disculpé, pero ella confesó que eso le había hecho bien, que yo tenía razón, que sentía mucha rabia contra esa creencia y que no sabía por qué se la había anclado tanto en el alma, que ella era alegre, que sólo cuando estaba alegre se sentía ser ella misma, que ella daría las tres cuartas partes de su vida a cambio de ser lo que en el fondo se sabía ser, una chica alegre y muy indulgente y permisiva, pero que, no sabía por qué, pero en cuanto sentía que se iba a relajar, se sentía acosada por voces interiores, las de su recta conciencia creía ella, que la instaban a ser responsable, vigilante, a estar en guardia.

"¡De recta conciencia nada! Pues ni recta es una creencia que te convierte en una amargada, y que te hace amargar la vida a los demás, y eso es objeto de miedo, de doble miedo, y todo eso en nombre de una mentira, como lo es la creencia en que la seguridad del mundo depende de ti, y una injuria a los demás, otra razón de rabia, esta vez de ellos contra ti, por considerarlos irresponsables cuando no están amargados y disfrutan un rato." – intervino enérgicamente Eva, y le pasó un pañuelo inmaculado a Maite que se sonó las narices, confiada y feliz- "Me interesó mucho esa idea de Preciada, eso de que te tomaras por Atlas, creo que por allí podríamos descubrir lo que estamos buscando. ¿Tú crees que eres Atlas, Maite?"

"Ojalá lo fuera; si lo fuese no me agobiaría tanto, lo haría, sostener el mundo, a eso me refiero, con el máximo orgullo."

"O sea, ¿qué Atlas es tu ídolo?" –le soltó Roberto, con sorna.

"¡Oh sí, eso sí que me gustaría ser, Atlas, y no alguien tan débil y egoísta como yo!" -dijo Maite, volviendo a llorar y a sonarse en el pañuelo de Eva.

"¿Y ese dios es el tuyo, tu máxima referencia?" –le pregunté yo.

"Ya quisiera yo que un dios tan grande me aceptara a mí como su sirviente y seguidora" –contestó Maite, suspirando con los ojos en blanco, en trance arrebatado-.

"¡Qué horror!" –respondió Eva- "a mí, desde luego, un dios así me horrorizaría". "Me quedo con Buddha, mi preferido", -bromeó-

"Y yo con Jesús" –respondió Maite, muy dolida- "me refiero a un modelo perfecto interior, que es lo que es para mí Atlas -no a dios-dios-. Dios me queda tan lejos que prefiero un modelo más entrañable, más accesible, más semejante a mi manera de ver la vida, y con el cual me puedo identificar sin sentirme extraterrestre" –explicó Maite.

"Por lo que veo, cada uno de nosotros tiene un Dios personal, un ídolo al que adora y eso le sirve para verse también divino en caso de que pudiera algún día obtener su aprobación, marcarse triunfos en su línea. Pero, más que divino yo diría heroico" – precisó Eva- "Por lo que a mí hace, mi ídolo es Sísifo, ¡ese sí que me arrebata! Esa constancia para, una y mil veces, aupar una roca inmensa y plomiza, para colocarla en la cima de la montaña más alta, una y mil veces, aunque ruede cuesta abajo cuando casi lo logra. Yo sí que, lo confieso, soy su seguidora."

"Y yo soy fan de Mercurio" – apostilló Eduardo- "¡¡o qué Dios ese!, ése sí que es mi modelo de referencia, un comunicador divino, nunca mejor dicho, ese vende lo que pronuncie su boca, a ese sí que nadie le pone un "pero". Y, para velocidad la suya, ya que supongo que se movía a la velocidad de la luz. ¡Y vosotros criticando mi amor por la velocidad cuando apenas piso los doscientos kilómetros por hora!"

"Por alusiones" –respondió Roberto- "admito, aunque a mí, por lo general, los ídolos me chinchan, mi admiración rendida y casi reverencial confieso, por Prometeo, ¡ese sí que me pone, tías!

Ese no le tenía miedo ni al gran Júpiter, el dios de todos los dioses, y le robó el fuego para entregárselo a los hombres, y lo que le pasó a Júpiter es que se olió que Prometeo lo superaría, por más justo, por revolucionario y por demócrata, y por eso lo castigó encadenándolo a una roca mientras un águila le comía los hígados, y digo los hígados porque, cada mañana, el hígado comido se regeneraba y se recomponía, para que la tortura siga y siga, hasta toda la eternidad, bueno, toda no, casi toda, ya que fue indultado y perdonado al final. Esa parte ya no me emociona tanto."

"Y yo" –dije-"confieso que mi modelo es Orfeo, ese genio artístico, ese héroe capaz, por amor, de atravesar el infierno para sacarte de él, la verdad es que me siento muy parecida a él cuando veo que me meto en líos por salvar a los demás" –admití yo.

"Y ya que estamos"- intervino Pedro- "yo he de admitir que sigo a Aquiles, soy un buen guerrero y tengo mucho aguante, no temo sufrir y hasta soy algo masoquista, lo confieso, pero estoy aterrado de que encuentren mi talón de Aquiles, el fallo en mi coraza, y me maten igual que lo hicieron con él."

"¡Pues ahora que todos hemos traído a nuestro dios privado, pensándolo bien, creo que ya lo tenemos! ¡Cada tipo de persona sigue a uno de esos seis dioses! Y ese miedo cerval, fóbico que vimos las semanas pasadas es a desobedecerles y perder así su protección. Lo que estaría ahora por ver es *hasta qué punto ese miedo no es falso, si ese miedo no es más bien una descomunal rabia contra ese ídolo que ocupa en nosotros el lugar de Dios*, que, Él sí, nos ha hecho para sentirnos seguros y disfrutar de ese algo esencial relativo que hemos identificado, que nos haría tener la mejor vida, la vida plena que tanto miedo nos daría perder. Creo, amigos, que llegó el momento de sincerarnos, de ser valientes, de tener sobre todo miedo a perder esa vida plena, y, si es necesario, yo me ofrecería voluntaria para empezar a tener esa vida plena y ser artífice de lo que para mí representa más esa plenitud, la justicia, y sacar mi rabia aún virgen y por estrenar, por tan noble causa y derrocar a esos ídolos. Si es que se revelan nocivos, si es que hubiera que tenerles miedo" –precisó, prudentemente, nuestra Eva.

Un gran silencio reinó. Un silencio de más de tres minutos, calculo, y denso como para cortar a cuchillazos. Nos miramos estupefactos. ¡Qué revolución! ¡Qué aventura tan extraordinaria era aquella que Eva nos invitaba a vivir, y, todo eso, sin salir de casa ni movernos del sofá y de las butacas! Como se corresponde con mi naturaleza, y porque era la anfitriona, me lancé la primera:

"¡Eso sí que me gustaría, derrocar ídolos si éstos se revelaran peligrosos y tóxicos! Me ofrezco voluntaria. ¿Qué he de hacer?"

"¿Por qué no empezar por decirnos qué cosas buenas te ofrece tu ídolo?" –aventuró, Eva-.

"Pues me ofrece ante todo una identidad, un punto de referencia con el cual identificarme, y cernir mi naturaleza profunda. Y luego, me ofrece un destino que me parece bonito, aunque podría terminar mal, pero ¿qué cosa apasionante no ofrece riesgos? Luego es que me identifico mucho, aunque no lo quiera, es como si esa historia hubiera sido escrita para mí, conociéndome incluso más a fondo de lo que yo misma me conozco; es, un poco, como si Dios, que todo lo sabe, me adivinara mejor que yo y hubiese escrito esta historia para animarme a ser yo, a atreverme a ser yo. Y es que creo ser así, como Orfeo: como él, soy muy creadora, muy artista, muy inquieta; como él, el amor para mí es lo máximo, y hasta diría que lo único realmente importante. Es cierto que sueño, como meta inalcanzable, con la felicidad, con la plenitud, con la alegría, pero ha de ser, para mí al menos, alcanzada por la vía del amor. Si no, no me interesa, sería como ser otra, como renegar de mi esencia. Y eso de conocer el infierno de cada uno para lanzarme en él y sacarlo si la víctima consiente en darme la mano y en no voltear la mirada atrás, sobre todo eso, el no mirar atrás, que yo creo que es la clave del éxito del cambio, pues qué quieres que te diga, ¡eso es lo más mío de todo lo mío! Y, si muero en el camino, si me crucifican después, si me despedazan como a Orfeo para comerse todo mi cuerpo, yo lo vería como una prueba de amor, como un deseo de meterme tan dentro de sí, que me comen para lograrlo, para incorporarse mi esencia, y eso es un honor. Y además, lo más bonito de todo, si mi cabeza y mi lira se salvaran, como las de Orfeo, y si por mi amor heroico me convirtiera en una constelación de estrellas que alumbraran el camino de los hombres para siempre, pues ¿qué podría pedir mejor? ¿Acaso no es esto prueba de que Dios te ama y te premia por haber hecho tu parte para la redención de su creación? No, yo creo que va a ser muy difícil, si no imposible que me llevéis a soltar ese ídolo" -terminé yo diciendo, ya sin aliento.

"¡Jo, palomita!, ¡vaya credo! Yo no había oído nunca a un *fan* expresarse así de su ídolo. Estás rematadamente enamorada. Tú sí que eres una vocacional, tía" –apostilló Roberto rascándose la cabeza.

"Y, ya que estás sardónico y en tu salsa, ¿por qué no nos cuentas algo del tuyo, de Prometeo"? -le desafié yo.

"Pues no voy a ser tan entusiasta como tú, ni quiero serlo" –
respondió mi gatito- "pero he de decir que de todos los mitos,
éste me tira realmente; también suscribo lo que dijiste sobre el
retrato de tu potencial más hondo, de la realización de tu
identidad profunda; lo único que me chirría es la parte de
determinismo, de destino, eso no cuadra con la idea que tengo
de la libertad, y la libertad es lo máximo, eso, y la justicia,
aunque confieso que, como a Prometeo, eso me puede, la
justicia me puede, me disparo como un cohete si veo injusticia.
Y era injusto que los dioses tuvieran el monopolio del fuego, de
la civilización, del bienestar, del progreso. Yo, al igual que
Prometeo, me hubiera arriesgado a robarlo y a devolverlo a los
hombres. ¿Por qué devolverlo? No sé si allí está justamente el
misterio. Asumo que el fuego lo inventaron los dioses, pero algo
dentro de mí, y no pequeño, cree que todo descubrimiento,
genialidad, ha de ser repartido entre los humanos, y no quedar
en el olimpo; lo veo como un agravio comparativo. Entonces va
Prometeo y ¡zas! le roba el fuego a Zeus y se lo entrega a los
hombres; yo también se lo hubiera entregado a las mujeres,
para que me cocinen, que es lo suyo. Es broma, bueno, casi." –
añadió al ver las caras de perro de las chicas- "Y va Zeus y lo
condena, lo ata con cadenas irrompibles a una roca alta y le
envía un águila adiestrada, esa sí mujer me imagino, para que le
devore el hígado. Pero, y es la prueba de que el águila era
hembra, no una vez, ni diez, ni cien, ni mil, sino eternamente.

Hasta que Zeus se hartó de verlo sufrir y de no pedir perdón y va y le perdona y él entonces se convierte en semidiós, es decir, para que nos entendamos, en genio. ¡Pues si eso no es lo mío, que me ahorquen, o, mejor, que me envíen al águila ésa! Y de aquí no me pienso mover. Sí, eso es lo mío. ¡Jo! ¡Y yo buscando inspiraciones para mi vida! Pues ya la encontré, ese quiero ser yo, y punto." –concluyó nuestro rebelde, esta vez autoconvencido.

"Y yo" -dijo Pedro- "¿qué podría soñar de más mío que la vida de Aquiles? Lo que pasa es que me queda grande, pues yo no soy ese guerrero invencible, ni soy hijo de una diosa, pero como si lo fuera, porque para mí mi madre lo es, ni soy el contrincante de Hector, el más grande de los guerreros y de los héroes ¡ya quisiera yo! Ni mucho menos decidiría con mi muerte el final de la guerra de Troya. Ahora sí, soy lo bastante sádico como para arrastrar el cadáver de mi enemigo con un carro de guerra, para que me vitoreen y para castigar a su orgulloso padre, pues me chinchan los orgullosos. En lo que más me identifico con mi ídolo, inalcanzable por lo demás, es en saber que tengo un punto débil, un agujero en la coraza, por eso me la paso tejiendo mi coraza cual Penélope, pero sin deshacerla por la noche; yo, la coraza no me la quito ni para dormir. Leí mi retrato en un librito, El caballero de la armadura oxidada creo que se llamaba, o algo por el estilo. Ese tampoco se quitaba la armadura, sólo lo hizo por amor, por eso huyo del amor como de la peste, aunque cada vez que leo el Principito con el zorro y me veo como éste, me pongo a llorar a moco tendido, y a mí, llorar así, me pone. Pero al final van y matan a Aquiles, porque tenía el talón sin protección de su madre. Por eso yo santifico a la mía. Y sólo espero a tener un poco más de valor y asumir, como Aquiles, que prefiero una vida corta y gloriosa a una larga vida gris, que es la que tengo ahora. Lo seguro, y por eso asumo que Aquiles es mi ídolo, es que, de ser un poco más valiente, yo me decidiría por la gloria. Total, ¿de qué me sirve cuidarme tanto si soy hipocondríaco y tan gordete que mataría al caballo del carro de guerra antes de que éste diera la primera vuelta a las murallas de la ciudad, si me tuviera encima y con armadura además..." –y Pedro bajó los párpados, pensativo.

"Yo" –comenzó Eduardo- "que soy el más listo de todos, elegí a un ídolo que, a más de ser Dios, y no sólo héroe, tiene una historia redonda y que termina bien. Ante todo es inmortal. Luego nadie puede competir con él en lo que más le gusta, comunicar, como yo, y vender, como yo; es además el rey de tiempo, pues es tan rápido como la luz. Y, lo más importante, nada en el Olimpo de los dioses sería posible sin él; es la figura central y eso sí que me gusta, ser el centro. Y, por fin lo mejor, es eternamente joven. ¿Quién da más? Y es bellísimo e irresistible, como yo" –terminó, muy ufano, con mirada seductora sobre las piernas de Eva, que, inmediatamente, las replegó antes de decir lo suyo.

"Pues yo admito que soy casi idéntica a Sísifo; al menos, mi vida lo es, y si lo es y es mi vida, es que soy igual a él. Sísifo fue castigado por Zeus por envidia, porque era el más listo y el más creador. Y yo le tengo terror a la envidia. Es lo que más me puede paralizar, y así dejo de querer crear y crecer y transformar nada, por temor a la envidia, que es lo peor que puede pasarle a nadie. Yo no entiendo cómo, a Eduardo, para poner un caso extremo, le gusta que lo envidien, y hace todo lo posible para llamar la atención; y, es más, si no se siente envidiado, se ve como un fracasado. Ni entiendo a Roberto, que ve la envidia como algo normal en los necios, y los desprecia, en vez de asustarse y esconderse; y mucho menos entiendo a Maite, que va con el orgullo por delante y desprecia a todo aquél que no haga lo mismo. Pero a la que menos entiendo de todos es a Preciada, que ve la envidia como un signo de amor, y por eso, entrega todo lo suyo a todos y se disculpa por haberlo conseguido antes que los que la envidian. Me parece francamente suicida cuando luego pide permiso para que la dejen al menos estar cerca y compartir con los que le quitan todo. Entonces van los demás y, zas, la crucifican, porque su presencia les da mala conciencia, pues todos, menos Preciada, saben que lo que tienen es de ella. Pero después de este paréntesis que, como todos los míos, por los demás, creo que son más interesantes que los cuerpos de desarrollo que hago, pues siempre hay que buscar las rarezas, los matices en los paréntesis, en lo aparentemente anodino, sigo. Eso, para que no me sigáis diciendo que soy pesada, pues ya veo tu cara de fastidio, Roberto. Pero volvamos a Sísifo: fue condenado a aupar una pesada roca hasta la cima de una montaña, y él, en vez de desanimarse y morir por anticipado, va y lo hace durante toda la vida, aunque sabe muy bien que jamás logrará colocar esa roca en la cima, porque, justo antes de llegar, ésta resbala y se cae, se cae a causa de la envidia de dios. Y por eso no creo en dios, porque envidia a sus criaturas. Por eso soy agnóstica, prefiero que dios no exista, así no le tendré rabia. Y por eso, yo me propongo muchas veces como dios, porque garantizo que yo aplaudiría, siempre y cuando me demuestren, claro está, que las creaciones, que las genialidades, son fruto del esfuerzo, del trabajo, intentar una y mil veces y un millón de veces aupar la roca, hasta conseguir colocarla en la cima. Y por eso creo que los genios son como provocaciones de los dioses, que, primero les dictan cosas celestiales, para luego, además de hacer que todos los envidien, van y les vuelven locos. Y se vuelven todos locos de pavor a que ese dios envidioso les deje de dictar sus cantos de sirena; y eso, también, siempre pasa. Un buen día, el genio se seca, ya no recibe dictados, y va y lo echan a patadas y así muere, loco y solo. Sísifo, además de ser el ser con más tesón y dignidad, es como una garantía contra la genialidad, contra el arbitrario falso premio de los dioses; premio que, admás de saber que eres un usurpador, pues vas y dices que eso lo has sacado de ti, pagas con la locura y con la soledad y con la muerte de asco ante la burla de ese dios que te sobornó. Yo prefiero, ante los dos males, lo menos malo. Me quedo con mi Sísifo; así, al menos, me castigo yo misma antes de que lo hagan otros, y no me hago ilusiones sobre el mundo, que es, eso sí, un valle de lágrimas como dice mi madre. Y, amigos míos, acabo de descubrir por qué nos da tantísimo miedo intentar lograr lo que decimos desear tanto: ***tenemos miedo a hacer lo que, decimos, más nos gusta, por temor a desobedecer a nuestro ídolo, pues si nos castigara, no nos quedaría más remedio que enfrentarnos a él porque o bien él es dios, y nos lo da todo pidiéndonos un solo sacrificio, o bien debemos asumir que nosotros somos dios y destronarlo para tenerlo todo.*** Y bastante desastre es la vida para elegir enfrentarnos al mismísimo dios, envidioso de nosotros. Si no me considero capacitada para enfrentar la envidia de los hombres, y mujeres -Roberto, eso va por ti-, ¿cómo podría pretender enfrentarme con la de dios? ¿Sabréis perdonarme esta idea que creo genial?" –Y Eva nos miró, francamente recelosa.

"¡Pues creo que no" -dijo Maite, muy erguida- "yo no creo que dios sea envidioso, son los hombres los que lo envidian a él! Ni tampoco creo que dios nos robe lo que más queremos para sentirse importante y superior, pues es tan superior que no necesita robar algo, que él mismo creó, para vencer a sus hijos. Si pensara la vida así, yo me suicidaría, pues para mí la vida sin ideales no es vida. Si mi dios no está en un trono y sobre un pedestal inalcanzable, ya no lo puedo admirar, y yo, si no admiro, me muero. Mi ídolo, pues lo es, Atlas, era parte de un pueblo de un dios aún más antiguo y legal que Zeus, los gigantes; era hijo de gigante y luchó en el bando de los suyos, pues así hay que hacer, no traicionar a tu estirpe, salvo si es, como Zeus, en legítima defensa, ya que Cronos, su padre, devoraba a sus hijos. Y Atlas perdió la guerra y el vencedor, Zeus, lo condenó a soportar el peso de la Tierra. Y yo, de todas, todas, me identifico con él, por leal, por noble y por sacrificado. Zeus era demasiado gozón y frívolo, y de insignificante estatura y fuerza, como para sostener el peso de la Tierra, mientras que Atlas sí puede tener el orgullo de afirmar que si él se cansara, si él soltara la Tierra, todos los hombres desaparecerían, pues el globo terráqueo caería al abismo. Da mucha fuerza sentirse tan importante, tan absolutamente imprescindible, ¿no creéis? Si Zeus no fuera el jefe de los dioses, se buscaría a otro que lo remplazase; pero Atlas sí que es indispensable, es el último de los gigantes, el único que puede sostener el Mundo. ¿Qué importa el cansancio o renunciar a divertirse si este es el honor que se tiene a cambio? Yo, desde luego, y asumo mi elitismo, me quedo con ese dios originario y no con los nuevos ricos y advenedizos con los cuales os contentáis." –Y Maite ya no pronunció más palabras, indicándonos, con cabeceo de reina benévola, que había terminado y que podíamos, nosotros los plebeyos, seguir parloteando-.

"Sin embargo" –dije yo- "creo que todos nos podríamos quedar con la idea de Eva, de detectar la causa real de nuestra fobia a desobedecer a nuestro ídolo, razón por la cual renunciamos con horror a obtener lo que más nos daría plenitud; ese algo que, ya lo detectamos, es diferente para cada "familia" humana, diría yo, pues de familia real se trata, ya que compartimos con esos hermanos de destino más lazos que con nuestros propios padres terrenales, y, con ello, somos hijos del cielo, ¡qué bonito! Eso sí, ese miedo, todos lo compartimos. En lo que podríamos diferir es en el por qué de ese castigo que nos pone nuestro ídolo para otorgarnos, si nos sometemos a dicho castigo, el honor de ser su hijo, su súbdito. Yo diría que porque hemos pecado contra él, por soberbia, porque lo queremos todo antes de haber dado nada, por desamor, por egoísmo. Y, si nos portamos bien, cuando lo merezcamos y no antes, ese dios nos devolverá eso que nos quitó, por nuestro propio bien, pues sólo él nos lo podría devolver."

"Palomita, me pones francamente rabioso." —me cortó Roberto- "Yo no concibo ese dar tuyo por sentado que si hemos sido castigados es porque somos pecadores; esa culpa por sistema, es servil, da razón a los arbitrarios. O sea, que tú, ponte tú, eres castigado, y no recuerdas qué has hecho para serlo, y vas y das por sentado que el otro tiene razón, y que tú, además de malo, eres amnésico y pecador. ¡Joder tía! ¡Qué victimología! Y tampoco comparto el elitismo necio de Maite, que con tal de ser más antigua, de cuna más antigua, ya le vale para su orgullo, Yo no podría sentirme orgulloso de lo que otros, y no yo, hicieron, y si lo que hicieron es estar antes y ni saber defenderse contra enanos, yo me escondería para que no vieran mi bochorno, Maite, por si no te habías dado cuenta, eso va por ti. Ni tampoco comparto lo que ni se atrevió a decir Pedro, que eso es así porque somos todos cobardes y no asumimos nuestro glorioso destino. Eso va con él, pero con gente como Eduardo o Preciada, que ni saben lo que es el miedo, no podría ser una explicación universal. Ni puesto a hablar, podría decir yo la razón, si no fuera esta sola reflexión: dios es malo, y vengativo, y es un chapuzas; él pega como en el refrán chino ese que dice que pegues, y si el otro no sabe por qué, que se busque la vida y concluya de manera tan aproximativa e injusta como vosotros. Yo digo que nos quita lo que más queremos simplemente por maldad gratuita, ¡para joder, vaya! Así hablé, compañeros de presidio." —Y Roberto se fue a buscar una cerveza como si no hubiera dicho nada relevante-.

Y todos empezamos a discutir. Consideramos, ya que el alba clareaba, y que discutir y enfadarse estaba prohibido en nuestro grupo, retener la causa descubierta por Eva, con la que, eso sí, todos comulgábamos, y dejar para la semana próxima, ya más calmados, el resto de tan apasionante debate. ¿Quién nos iba a decir que, empezando una modesta investigación sobre un problema común y humano, nos veríamos inmersos, desde la cuarta sesión, en pleno concilio metafísico? Despedí a mis amigos, muy excitada, porque eso de la metafísica sí que era lo mío, pero me estaba prohibido también, ya que la sabiduría de los cielos es la cúspide de la alegría y eso no me estaba autorizado por mi Orfeo ¿o lo estaba? No, no lo estaba, para mí, y, como mucho, me correspondería la sabiduría de los infiernos. Lo cierto es que esa mañana no pude dormir.

Preciada Azancot

5

¿LA SEGURIDAD ES DE ESTE MUNDO?

Lunes 12 de Enero del 2004:

El lunes que siguió nos revelaría a Eduardo y lo que ocultaba tras su aparente frivolidad.

Cuando todos terminaron de llegar, en el preciso orden de siempre, primero Maite tan responsable y cortés como la reina que era, luego Pedro, con su paso resonante de elefante bien arraigado al suelo, al que hacía retumbar, luego Eduardo, todo sonrisas y animación, contándonos los últimos chismes de la semana, luego Roberto, con su desplazar felino y desganado, y por fin Eva, corriendo abrumada tras las prisas que le metía su reloj, nos confesamos que habíamos pasado la semana en un gran continuo de excitación. Todos nos habíamos identificado a tope con nuestro venerado ídolo particular, y habíamos soñado nuestra vida como sus fieles y obedientes devotos.

"¿Entonces" -pregunté yo- "cómo es que nos noto más asustados y menos serenos que hace siete días?"

"Es que todas las semanas uno no encuentra su vocación existencial, nena" –respondió Roberto con sorna-.

"¿Y de verdad es esa tu vocación? ¿Por qué no nos cuentas un poco qué descubriste y cómo te sentiste?" –insistí yo-.

"¿Y por qué he de empezar yo? Tú dijiste que estás más asustada; deberías alegrarte, ya que para ti estás de estreno. Yo no tenía rollos con el miedo; bueno" –rectificó Roberto- "al menos no con el miedo humano, vamos. Es que aceptar lanzarse por la vía de los genios, así no más, a cuerpo descubierto, qué os voy a decir, me merece un respeto ¿no? Total, nenas, que no tengo nada más que decir, creo."

"¿Y quién empieza esta vez? ¿Tú, Eva, ya que el tema lo has sacado tú? ¿Cómo te sentiste durante la semana?"

"Muy rara me sentí, y muy inestable; primero muy orgullosa, porque había encontrado mi vía, luego muy triste, no sé por qué, lo más probable que por lo de la roca esa que nunca habría de colocar en la cima de la montaña; y también, después de triste, me sentí tonta, estúpida y yo soy, por definición, inteligente, no suelo encontrarme estúpida, estúpida por aceptar esa vocación de frustración y de tristeza como mía, la que de verdad elijo; y, por fin, desde ayer, me siento irritada, rabiosa, y no sé bien por qué."

"Pues a mí me pasó lo mismo más o menos" -confesó Pedro.

"Y a mí, aunque no me guste admitirlo" –dijo Maite con voz casi inaudible, lo que era extraño, insólito en ella, pues su voz era poderosa y clara por lo general.

"Pues yo" -dijo Roberto-"pasé directo del orgullo, que fue corto y que sentí sólo aquí, a la rabia; desde hace siete días que estoy que ladro."

"Y yo también estoy muy irritable" – acordé yo- "Tanto que me pregunto si no sería mejor por hoy dejar este debate y salir todos a cenar fuera y luego ir de copas."

"Pues yo, que siempre me apunto a un bombardeo, y más si el programa es tan atractivo como lo que nos sugiere Preciada, os comunico que yo no sentí nada de eso que decís, yo estuve durmiendo casi continuamente, como si estuviera ya muerto y desde ayer siento un real pánico, y os debo confesar que me gusta, que eso sí que es mi vocación, no sé por dónde va todavía, pero mantiene despierto, eso sí" -dijo, riendo, Eduardo-.

"Pues lo tuyo no es tan diferente, no creas." -puntualizó Eva- "Dicen que la depresión, o sea la tristeza total, se manifiesta a menudo o con sopor continuo o con insomnio. O sea que estuviste más triste aún que nosotros, pero sin cabreo, sin rabia al final."

"En suma, que no estamos tan plenos y realizados como lo esperábamos" – resumí- "¿Entonces, hace esta salida o seguimos con el foro sin ganas?"

Todos decidimos salir y elegimos ir a un restaurante mejicano que funcionaba por el barrio de Chueca. Llegamos en dos coches, en silencio, muy mortecinos, ni siquiera Roberto contaba chistes. Pedimos margaritas para todos y los sorbimos modosamente, la mirada huidiza, la sonrisa, de compromiso, turbia. ¿Dónde habíamos dejado nuestra camaradería solidaria? Me lancé en su defensa, decidida a resucitarla:

"Lo que menos me gusta de todo esto, y partiendo de la convicción de que la mentira es la máxima causa de rabia, es que si encontramos nuestra verdadera vocación en ser a imagen y semejanza de uno de esos seis dioses, tan opuestos y enfrentados entre sí, partiríamos de la conclusión de que el origen del ser humano tiene seis hacedores, seis creadores, y no uno sólo, Dios, que nos ha hecho a Su imagen y semejanza. Y eso sería una gran mentira, y a mí esa mentira me causa rabia. Y, *si aceptáramos esa aberrante hipótesis de partida, no nos quedaría otra alternativa que terminar enfrentándonos en una guerra a muerte, una guerra de religiones, como seguidores iluminados y fanáticos a quienes les va más en tener razón que en ser sabios y felices.* ¿De qué plenitud estaríamos hablando entonces, si para yo afirmar mi visión sesgada, luego, aunque no sé aún bien en qué ni por qué, falsa y limitada, tuviera que silenciar a pulso la visión igualmente limitada de mi compañero de viaje? Y, como raíz de esa rabia que siento, *asumo un enorme miedo, ese sí más lúcido y fundamentado, que surge de haber podido aceptar, y con orgullo para colmo, una visión de mí que me amputa de mi integridad.* Si este sentir mío es también, aunque tan difusamente como en mí, el vuestro ¿por qué no nos sinceramos? ¿por qué no aceptamos que ese orgullo que manifestamos la semana pasada de nuestras supuestas vocaciones era en realidad su contrario, era miedo?"

Vi en la mirada de mis compañeros renacer ese brillo de vida, de amistad, de camaradería. Volvíamos a ser ese equipo de investigadores rigurosos, objetivos, universales, embajadores del anhelo de liberar al ser humano de cadenas que arrastra de manera ancestral, científicos en suma. Roberto, que se había sentado a mi lado en un largo de la mesa, intervino a continuación:

"Yo, lo que puedo decir, es que la última vez que estuvimos juntos, me sentí muy afectado e indignado por la versión que Eva daba de los genios, a los que presentaba como locos, como usurpadores de la palabra divina dictada y que presentaban como suya. Esa visión es absolutamente opuesta a la mía, pues veo al genio como al más crecido, al héroe que arriesga la vida con tal de traer esencias altas e incontaminadas a los hombres, que se la juega con tal de ser lo más auténtico posible, que veo como a un solitario incorruptible, como al que apunta a lo más alto en nosotros y nos abre el camino de acceso a nuestro yo más alto, que marca rutas para entrar en contacto con la parte más misteriosa y fascinante de lo divino, la eternidad. Y no ese ser débil, pelele, sobornado, usurpador y falsario que nos presentaba Eva. Eva he de decirte, con toda humildad y rotundidad, que deberías asumir que le tienes envidia al genio, aunque la envidia es lo que más dices odiar y despreciar."

"¡Caramba, caballero" —exclamó Maite aplaudiendo- "por primera vez todo un discurso, corrido y sin muletillas, y sin palabras malsonantes, además!"

"Por alusiones" -dijo Eva- "yo tampoco me sentí bien, después, por esa visión del genio que asumí como mía. A mí me han convencido de ello, creo, para disuadirme de atreverme a aventurarme por la vía de la creación, de la innovación, que veo igual que Roberto, que siento más mía que mi propia sangre, pero que tengo terror a arrostrar, justamente porque temo el castigo infligido a Sísifo. ¿Tengo envidia al genio? Me horrorizaría, pero lo voy a meditar seriamente, gracias Roberto."

"Entonces" –respondió Eduardo- "ya sería tiempo de que admitiéramos todos que es justamente lo que nos muestra ese supuesto ídolo, ese supuesto dios personal, lo que más pánico nos da, y no, por lo contrario, lo que más orgullo debería suscitarnos; ya sería hora, y me lo digo ante todo a mí mismo, que nos demos cuenta de que ese mito, ese dios, es justamente el horror relativo y la anti vía de realización: Si hay algo, justamente, que nos arranca nuestra integridad y nos pone de rodillas ante él, y, lo que, aún más sangriento, nunca mejor dicho, nos arma contra nuestros hermanos, es ese dios que tanto nos excitó de entrada; ese dios sería, de ser esto que digo fundamentado y cierto, la mayor de nuestras amenazas, y no, como él quisiera, nuestro camino y finalidad. ¿Cierto?"

"¿Nuestra mayor causa de miedo?" –preguntó Pedro con ojos como platos-.

"Sí, nuestra mayor causa de miedo; y alejaros de ese ídolo sería, esta sí, mi vocación más libertadora, si es que esta hipótesis se revelara más certera, totalmente fundamentada" – apuntó Eduardo- "Y no sé si concluiremos que esto es así o no, lo que os puedo confesar es cómo me siento en este preciso momento. Me siento en armonía conmigo mismo, con el universo, y enteramente hermanado con vosotros, siento que soy más yo, más humilde y más necesario también, siento que dejo de estar corriendo detrás de un espejismo, que soy persona, y no un diosecillo del olimpo, inventado por niños asustados de ser íntegros, de jugársela por ser íntegros. Así me siento. Y, como me siento así, *voy a medirme, y ahora mismo, con ese dios mío, ese ídolo, que nunca Dios mi creador, a quien ya sacrifiqué, no sé bien por qué, treinta años de mi vida.* Ven acá Mercurio, a ver ¿qué me ofreces exactamente? ¿Correr y correr llevando y trayendo mensajes ajenos en vez de escribir y pronunciar los míos y revelarlos a los hombres? ¿O acaso yo no tengo algo que revelar también y, creo que, importante? Pues ahora que lo dices, yo creo que tengo que revelar, justamente, a los hombres, que se alejen, no de ti, eso me corresponde a mí, y a los que forman parte de mi misma "familia" como la llama Preciada, sino de ellos, de los ídolos personales que nos sobornan y nos aterran y nos culpan, que nos manipulan en suma, para ponernos de espaldas a nuestro ser íntegro. ¿Y qué más me ofreces? ¿Vender? ¿Y por qué vender, si a mí lo que me gusta es, justamente, comprar, comprar verdades más altas que las mías, y dar la vida si fuera necesario, para defender y revelar esas verdades? ¿Y qué más?, ¿ir sobornando y engañando por allí con tal de colocarle una nevera a un esquimal? ¿Para que luego me odie, si lo que en verdad anhelo es ser amado, ser fiable, todo lo contrario en suma? Pues, tío, te digo de una vez, esa sería la peor compra, y con hipoteca además para toda la vida, que hubiera hecho en mi vida. Y he de admitir que la hice, y que hoy, tío, como diría Roberto, te devuelvo la mercancía porque apesta. Y sentiría miedo de estar en contacto contigo nunca más en mi vida, pero ¿qué digo? Tú eres el que debes sentir miedo de mi rabia contra ti, porque eres el enemigo, el que, tú sí y ya nunca yo, has de huir de mí, porque como te acerques una vez más con tus cantos de sirena, yo te descabezo de un sólo tajo, de cuajo como dicen los mejicanos. ¡Salud! ¡Salud, amigos, queridos y entrañables amigos! Aquí estoy para serviros y ayudaros a sacaros vuestro vampirito divino de encima y mirar hacia el proyecto maravilloso, unitario, que nuestro Creador quiso para nosotros."

Me levanté de enfrente de él y, rodeando la mesa, lo abracé estrechamente, absolutamente removida y entusiasmada con ese frívolo aparente. Y entonces vi lo guapísimo que se había vuelto sin esa sonrisa asustada y falsa de bebé seductor, aterrado de crecer, que había dado paso a la armonía, a la serenidad, a la gravedad de lo que él era en el fondo. El bebé se había hecho hombre en media hora. Y su mirada se había convertido en un lago insondable de valentía y de amor, y de paz.

Eduardo nos había puesto en órbita. Cada uno de nosotros pudo, en sí mismo, verificar que lo que era válido para Eduardo, lo era para nosotros también, que habíamos descubierto una verdadera ley que se podría formular así, una ley de seguridad: *lo que más nos aleja de nuestra integridad y la amenaza, es, confundirnos con el ídolo arquetípico, que nos prohíbe nuestra plenitud. No debemos tener miedo a nuestra plenitud si no al ídolo fantasmal que nos la prohíbe.* Y si éste insistiera, deberíamos pasar inmediatamente después, a la rabia, y destronarlo, y descabezarlo, como lo hizo Eduardo.

Así, yo descubrí que, efectivamente, a mí no me importaban los infiernos ni los malos, así que ofrecerme ser guía vitalicia allí no tenía mayor sentido. Tampoco me gustaba redimir ni salvar a nadie, y, desde luego, si tenía algo claro era que la alegría era lo más mío del mundo, ella, la alegría, y todas sus funciones y manifestaciones, desde hacer el amor, hasta bailar, desde la metafísica hasta la búsqueda y conquista permanente de la verdad, y lo que más de todo, experienciar lo divino, lo unitario, el UNO y no todos esos ídolos a los que, sí, y sin que sirviera de precedente, yo odiaba. Yo despreciaba. Esa sí que era yo. Y todos me dijeron que así me amaban mucho más y que yo era una luz, de verdad y de esperanza para todos. Y me sentí radiante. Y me sentí segura de ser yo.

Y Eva descubrió que no había nacido para la frustración, el castigo, ni la tristeza, sino para la creación y la justicia. Y que le causaba horror identificarse con Sísifo. Que ese entregarse eufórico había sido, en ella y en todos nosotros, como un situarse frente a esa concepción del hombre signado por la culpa original, que acepta resignado que lo castiguen por lo que jamás hubiera podido hacer, él menos que nadie. Y luego, para que sus verdugos terminen de ajusticiarlo, despliega el síndrome de Estocolmo, mostrando orgullo de someterse en vez de fiera rabia, y amor por sus verdugos en vez de terror de identificarse con ellos. Que a ella le causaba también el máximo horror identificarse con Sísifo, y mucha tristeza por haber sido engañada durante veintinueve años, y, sobre todo, y en eso ella gozaba máximamente del contacto con lo más suyo, una descomunal rabia contra su ídolo, y contra todo ídolo, piedra burda de pies de arcilla, que nos esconde el sol con un dedo. Y la manera en que Eduardo le besó la mano ya no tenía nada de la del seductor de antaño.

Y Maite asumió que esa noche era la más difícil y también la más grande de su vida, pues ella se asumía como idólatra rancia, de rancio abolengo. Bueno, *Ex* de todo aquello, precisó, porque ella ya descubría que lo suyo no era ese orgullo soberbio al cual la habían abocado, sino la alegría de ser un granito de arena en una playa infinita, la alegría de fluir en la inocencia, pues éramos inocentes de todos los crímenes de los cuales ese NO-Dios, ese NUNCA-Dios, nos acusaba, pues ella siempre había sabido de Su grandeza, de Su inaudita generosidad, de Su inabarcable prodigalidad y bondad. Porque lo suyo era justamente dar testimonio, con su alegría y, sobre todo, con su amor solidario, con su alma toda, de la existencia y del designio de ese creador que no precisaba de religiones ni de mitos, porque ese fluir inabarcable era, eso, sí, lo suyo. Y nos pidió perdón por su elitismo y por su soberbia pasada, y nos dijo a todos y cada uno, cuánto nos amaba y por qué éramos en verdad su familia más amada. Y sus ojos se pusieron el doble de grandes y toda su alma irradiaba, tranquila y mansamente por ellos, y se situaba, vocacionalmente, ahora, a nuestro servicio.

Y Pedro le dijo entonces que la amaba, que por vez primera ya no tenía miedo a entregarse al amor. Y que él tampoco había nacido para el miedo, para ese reductor cinturón y esa coraza que lo asfixiaban, que lo suyo, justamente era el cuerpo libre, felino y gozoso, y la rabia contra todas las intimidaciones y mentiras y manipulaciones, que, lo aún más suyo era la tristeza, sí, la compasión por todos aquellos que, como él, desconocían el tiempo, negaban el tiempo, habían perdido su tiempo en negarse la vida y el derecho a vivirla sin corroedoras culpas, y por ello, la claridad, la inteligencia, el conocer en todos sus detalles ese orden inmanente que movía sin que chocaran entre sí, sin miedo, el cielo y las estrellas y cada célula de su cuerpo, que ponía hoy, al servicio de la valentía, de la ciencia viva, del coraje. Y del compañerismo con todos nosotros, pues, ¡por fin, para él también, existía un Nosotros!

Y entonces, Roberto, que se había hecho más compacto durante esa velada, que había estado, calladamente, animándonos a todos con su orgullo de lo más valioso de cada uno de nosotros, consideró el momento de cerrar este debate y nos reveló que tampoco había nacido para la rabia justiciera y hostigadora, ni para creerse más justo que Dios, su Creador, ese sí, perfecto. Nos dijo que lo suyo era el análisis desapasionado y puro de los datos, la inteligencia pura en suma, y que, más aún, y para hacerla posible, lo suyo era la transformación del hombre y mujer por su propia obra, y el arte, y toda la eternidad, que era lo que más lo conmovía, y que, justamente, quería reconocer la grandeza y la genialidad de este, su grupo de pertenencia, por su valentía, por su inteligencia y honestidad, por su gran sentido de la igualdad y de la verdad, y sobre todo, por su talante transformador que libertaba de cadenas a todo aquél que se le acercara, y más que todo lo dicho, por su amor, por ese amor testimonial que nos prodigábamos los unos a los otros, y que nadie tan grande había conocido como su palomita, no jodas, de la que se instituía, para siempre, protector y caballero andante. Y me besó en la mejilla, muy cerca de la comisura de los labios, y ese beso me hizo llorar, de alegría segura.

Y después, como había yo propuesto, nos fuimos de copas y a bailar, no ya para olvidar, si no para celebrar nuestra mayor y, así lo sentíamos todos, incuestionable seguridad.

6

LO QUE PERDERÍAMOS SIN SEGURIDAD

Lunes 19 de Enero del 2004:

El lunes que siguió a nuestra histórica cena mejicana, nos encontró más maduros, más fuertes y decididos. Esta vez habíamos optado por ir a comer un cocido madrileño, y nos citamos en un restaurante muy conocido de la Calle Hermosilla, cerca de mi casa de la Calle Narváez. Evidentemente, y sin que sirviera de precedente, habíamos optado por almorzar en vez de cenar, dado lo pesado del menú, elegido, esta vez, por Pedro. Además de hacernos degustar uno de los mejores platos del mundo, cuyo ancestro fue la famosa *adafina* judía toledana, resultó que nuestro anfitrión, Pedro, fue esta vez la estrella del día.

Para empezar, nos anunció, muy orgulloso, que, desde la famosa cena mejicana, ya había perdido tres kilos, y, lo que era aún más insólito, sin hacer ningún tipo de dieta. Su apetito se había normalizado y su metabolismo quemaba todo lo que podía, por vez primera en su vida. Pedro nos dijo que cuando ponía su mano sobre su garganta, sentía la glándula tiroides quemar y quemar grasas sobrantes. Se había vestido de azul y llevaba una corbata morada y un clavel rojo en la solapa de su así renovado *blazer* sempiterno. Nos pareció atractivo y entrañable. Cuando se detenía, ya no juntaba los pies ni daba esa sensación de tambalearse como antes, separaba los pies en un ángulo pronunciado que parecía arraigarlo a la tierra, como un árbol. Yo me acerqué a él y lo empujé para ver si mi sensación era fundamentada, y, en efecto, ni siquiera lo pude mover, parecía anclado al suelo por invisibles, aunque poderosas, raíces. Sudaba menos y su piel había adquirido una especie de luminosidad de estrella en una clara noche de verano, aunque estuviéramos en Enero y ese día nevara sobre Madrid. Nos dijimos que, después de comer, iríamos a ver caer la nieve sobre el parque del Retiro que estaba a cinco minutos paseando desde mi casa.

Estábamos aún degustando caracoles antes de la sopa cuando Pedro nos dijo que se había pasado toda la semana preparando esta reunión y que el temario que nos proponía era, esta vez, la contabilidad de todo lo que nos podríamos perder si desconociéramos la seguridad, si siguiéramos funcionando como lo hacíamos aún hace menos de dos meses atrás. Nos pareció maravilloso y muy cómodo y confortable este tema, reforzador de las ganancias y progresos ya adquiridos por cada uno de nosotros.

Mientras nos servía generosamente un Ribera del Duero de la casa, muy afrutado y casi dulce, agradable, que contrastaba muy bien con el sabor acre de los caracoles, Pedro, quien por lo general se reservaba para hablar de último y poquito, arrancó así:

"Estoy ansioso de contaros mi tema de investigación apasionada de esta semana, la más importante de mi vida, la primera en que me siento vivo de verdad, y sólo espero que aprobéis mis conclusiones para asentar aún mejor y más sólidamente mi recién estrenada felicidad." —Y como todos suspendíamos la respiración por temor a frenar el entusiasmo de nuestro amigo, nos soltó su primera conclusión: "Estuve retomando el asunto del miedo, que es mi pesadilla cuando se me dispara, y muy especialmente el problemas del miedo falso, es decir que me pregunté qué pasaba cuando, en vez de cualquier otra emoción auténtica, sentimos miedo. Ya vimos que todos nosotros, en lugar de la emoción que nos aporta nuestra plenitud, y cuando interfiere ese ídolo fantasmal nuestro, ese arquetipo, y nos congela de miedo prohibiéndonos esa emoción cumbre, perdemos la razón de ser, de estar en este mundo, y, con ella, nuestra realización personal. En mi caso, os puedo hablar de esa tristeza que no me estaba permitida y que transformaba en miedo paralizante. Por ejemplo, cuando me tenía que despedir de algún amigo que se iba lejos, al que no volvería a ver durante largo tiempo, o cuando se moría una flor, o, peor aún, un paciente, ya que en mi profesión, la medicina, son cosas que ocurren, yo, en vez de ponerme más sensible, más humano, más poroso y consolar a los que sufren, me sentía culpable, como responsable de ser la causa de esa pérdida, de esa separación. Yo vivía la vida como una permanente acusación: todo lo que se moría, todo lo que se perdía, era, lo tenía siempre presente, porque yo había permitido que así fuera, por indiferencia, por dejadez. Era como si se me reprochara no ser inmortal. Es como si todos los seres humanos de esta tierra esperaran de mí que les devolviera el secreto de la inmortalidad, que sólo yo poseyera y que les hubiera robado. Y como yo no recordaba ese secreto, la vida era una pesadilla para mí. Era una permanente acusación. Por ejemplo, imaginad que un paciente viene a verme al hospital y me dice que se siente mal, sin más, y yo le hago todo un interrogatorio para detectar qué le pasa, y, al cabo de dos meses de análisis, descubrimos que tiene un cáncer. Pues entonces yo me siento culpable como si el no saberlo antes, el no tener una bolita de cristal para adivinarlo, el no haber permitido que perdiera dos meses investigando fuera la causa misma del cáncer. Como si fuera mi dejadez la que le hubiera producido un cáncer. Y, en cosas más triviales, ponte tú que esta botella de Ribera se derramara, no porque yo la empujara, sino porque uno de vosotros, situado en el otro extremo de esta mesa, la empujara y derramara su contenido. Pues en ese caso, no os quepa la menor duda de que yo, aunque la botella estuviera, como lo está, fuera de mi alcance, me sentiría directamente responsable del mal. Me reprocharía el no haberlo adivinado, el no haberla movido de sitio y colocado en un lugar más seguro. Claro, así no se puede vivir, con ese agobio. Entonces yo aprendí, para descargarme de culpas, a buscar culpables afuera, a ver a quién responsabilizo a mi vez de lo que me pasa. Total que siempre estaba bordeando el nihilismo."

"Y yo" –nos confesó Eva- "cuando sentía rabia, y esa rabia me estaba prohibida por Sísifo, la convertía en miedo, en apocamiento, en intimidación. Era como una total negación de mi potencia, de mi certera precisión, era como la confirmación de que yo había nacido para esclava. Os pongo todos los ejemplos que queráis, pues tengo casi treinta años de entrenamiento en eso, o sea, que a razón de un solo caso al día, darían –y consultó su calculadora de mano- 10.950 ejemplos. Pongamos el caso más burdo: salgo a la calle y una vieja enclenque va y me acusa de haberle robado el bolso, esa acusación que a todos los demás mortales les causaría rabia, y entonces protestarían y se defenderían de esa mentira, a mí me haría replegarme y considerar muy en serio que sí, que en verdad, aunque no lo recordara, lo había hecho, ya que se me acusaba de ello, y, por lo tanto, como no lo recordaba, además de mala, yo era loca. En casos más importantes para mí, en todos aquellos ligados a mi facultad de crear, la tortura es aún más dolorosa. Imaginad que se me ocurre, en el ejercicio de mi profesión de ingeniero, una manera genial de sostener y de diseñar un puente, pues adoro los puentes, entonces el primer envidioso que pasara por allí, y si no pasara, no tengáis la menor duda de que yo me ocuparía de remplazarlo, y que me acusara de haberle robado la idea a un chino del año diez antes de Cristo, cuando aún no existían ninguno de los materiales ni técnicas que yo había imaginado utilizar en mi puente, pues yo, en vez de mandarle a paseo, lo aceptaría rotundamente. Entonces, no sólo renunciaría a mi idea, sino que tendría una confirmación más de mi vileza, de mi talante plagiario, de ser una usurpadora. Y me prometería, una vez más, silenciar mi creatividad, ya que tan sólo vendrían desastres por ella."

- Pues yo también tengo mi dosis de infierno con mi cobardía frente a la afirmación del orgullo – dijo Roberto-. Yo, en mi profesión de periodista, cuando tengo una idea brillante, y sin ir más lejos os cuento una que tuve ayer -pues se me ocurrió que tendría que escribir una novela sobre una guerra entre Prometeo y Sísifo que liberaría la humanidad de ideologías-, lo que me suele pasar, -¡esta sopa está realmente buena Pedro!- es que cambio ese orgullo por miedo. Y me vuelvo profanador y rastrero. Me degrado en lo más imperdonable para mí. No sólo me niego, pensando sin asomo de dudas que no tendría ninguna posibilidad de escribirla, pues de mi aridez no podría surgir nada bueno, nada válido, sino que inmediatamente, cuestiono la validez de la creación, cuestiono toda sacralidad y bondad de la creación. Me lanzo en una escalada, una borrachera de descalificaciones en cadena que os podría ejemplificar así: "yo no valgo nada, luego la gente tampoco vale nada, luego Dios no vale nada, luego la vida no vale nada, luego ni siquiera después de muerto accederé a algo que valga algo, luego la vida no tiene sentido, luego Dios es un cabrón que nos hizo la puñeta a todos para divertirse con nuestro sufrimiento". Y siempre termina todo así. Y termino lleno de rabia, y con ganas de apretar el botón del maletín atómico si me lo pusieran al alcance de mi mano, y dinamitar el universo de una puta vez. –y vimos reaparecer la sonrisa torcida, cáustica, tan conocida que nos recordó al Roberto de los inicios del grupo y me asustó- Pero entonces, eso no terminaba así, y yo me convertía, por el propio bien del aficionado que se me atravesara con una idea válida, en abogado del diablo, y descalificaba cualquier intento de crear, de crecer, de transformar algo, encontrándole "peros" a todo dios. Y si me trataban de envidioso y de amargado, entonces ya me

Preciada Azancot

quedaba tranquilo, pues me reconocía por fin, ya que los demás me diagnosticaban tal y como yo creía ser. Y no me mires con terror, palomita –añadió con bonachona sonrisa-; eso, desde que envié a hacer gárgaras al Prometeo ese, ya no me pasa. Lo que ocurre es que, para que lo entendáis, os lo escenifiqué.

- Pues yo – intervino Maite- llamo vuestra atención sobre lo ricos que están estos garbanzos y sus verduras (ya nos habían servido el segundo vuelco del cocido), y os cuento mi pasado terror al compromiso afectivo, al amor. Yo era muy desconfiada, y más alguien me atraía, más defensas construía contra esa persona entrañable. Por ejemplo, a ti, Pedro, te tenía terror. No te rías, es cierto, porque eres en todo entrañable y bueno. Sólo por eso. A mí, cuando la gente no me importaba porque no era amable, porque nadie con dos dedos de corazón la podría amar, yo solía ser paternalista y protectora con ella. ¿Qué riesgo podría correr yo siéndolo?, pensaba ingenuamente, y no atendía que así sí que estaba yo en el mayor de los peligros, ya que me ponía idólatra de los peores elementos, con los cuales perdía en definitiva todo mi tiempo. Pero cuando surgía alguien como tú, Pedro, alguien incapaz de dañar, alguien infinitamente compasivo y sensible como tú, todo mi sistema defensivo se me ponía en guardia, como si estuviera frente a mi perdición, como si estuviera enfrentada a mi mayor tentación: fluir, gozar, abandonarme. Entonces me ponía rígida y muy crítica, y, como muestra de mi interés, empezaba a encontrarle todos los defectos posibles. Perdóname, querido amigo, por no haber entendido que tú ya tenías bastante con lo tuyo, que tú ya te torturabas suficientemente como para añadir las acusaciones fantasmales de un fiscal general acusador, y esa era yo. Ahora, y como soy más conservadora y lenta que vosotros, es precisamente ese recelo, ese miedo, que veo como indicio de mi mayor felicidad. Pues primero siento el miedo, pues ese Atlas no me suelta tan fácilmente, y entonces lo que suelo hacer es traducir: "¡Siento miedo, luego eso debe de ser amor!". Entonces verifico que lo es, como lo es siempre, y asumo ese amor mío que me hace ser yo. —Y nos sonrió tiernamente y a Pedro más cálidamente aún-.

Ya nos habían traído el tercer vuelco, una enorme bandeja de carnes de todo tipo, y suculentas todas ellas. Ya me tocaba hablar a mí:

- A mí, ya lo sabéis, era la alegría la que me estaba prohibida por Orfeo. Lo mío estaba tan anclado, tan obsesivo, que me ponía supersticiosa defensivamente. Si se acercaban vacaciones, y no digamos las Navidades, yo ya enfermaba. Yo no tenía derecho a existir, así de sencillo. Siempre debía estar dando y haciendo cosas por los demás, para comprar mi derecho a estar en vida. Así que cuando todos se iban a disfrutar, como ya no me quedaba nadie a quien ayudar, pues enfermaba. Os doy, también un ejemplo de los más de diez mil que os podría dar: pongamos que me invitaban a una fiesta, a bailar y a celebrar. En vez de eso, yo me ponía a hacer terapia a los demás, detectando qué necesidades por falta de amor tenían, y, mientras todos se divertían, yo, como una pesada, arreglaba vidas ajenas. Otro ejemplo, más sangriento, cuando estaba enamorada y hacía el amor, en vez de abandonarme y disfrutar, tan solo me ocupaba del placer de mi pareja y no me permitía llegar al orgasmo, y, cuando tenía pareja fija, en vez de fluir, engordaba, pues el miedo a que se muriese por mi culpa me hacía hincharme como una foca. Así que me volvía mágica y supersticiosa: consultaba el tarot por todo y para todo. Si alguna cita importante caía en 16, pues le tengo fobia a ese número desde que mi padre murió un 16 de agosto, entonces ya iba preparada para el desastre. Y me fiaba de la astrología más que de mi propio criterio: si alguien era Libra, o Capricornio, o Virgo, entonces no podía tener relación con él. Y si era Leo, Aries o Cáncer, y no digamos Escorpio, entonces me abandonaba sin preguntar siquiera. Era como si estuviera siempre dirigida y controlada por fuerzas sobrenaturales, imposibles de neutralizar.

- ¡Pues vaya rollo palomita, menos mal que soy Escorpión! –rió Roberto.

- Bien –y Pedro retomó el liderazgo de la reunión, con ojitos brillantes de inteligencia bajo sus cejas prodigiosas-, ¿y qué pasa cuando, en el caso contrario, la emoción adecuada es precisamente el miedo, porque hay amenaza a nuestra integridad o a la de los demás, y sentimos otra emoción falsa? Pues eso ya lo vimos también, lo vimos cuando nos sentimos enamorados de nuestro ídolo de turno y nos asumimos como sus rendidos súbditos. Y en el caso de Eva, esa tristeza que remplazó el miedo se puede llamar fatalismo, derrotismo. En el caso de Roberto, esa rabia que remplazaba el miedo era histeria, valentonería. En el caso de Maite, ese orgullo que remplazaba el miedo era masoquismo y prepotencia. En el caso de Preciada, ese amor que remplazaba el miedo era paternalismo y debilidad. Y en el caso de Eduardo, esa alegría que remplazaba el miedo era inconsciencia y temeridad. Así que, resumiendo, *impotencia, apocamiento, intimidación, profanación, superstición cuando otra emoción se transforma en falso miedo y fatalismo, derrotismo, histeria, valentonería, masoquismo, prepotencia, paternalismo, debilidad, inconsciencia y temeridad, cuando el miedo auténtico toma otra cara emocional que no corresponde* ¡Pues sí que éramos gente poco recomendable, amigos míos! No éramos nada seguros y nada fiables, por ende. Pero no terminé mi investigación allí, fui mucho más lejos –continuó nuestro médico vocacional- . Descubrí, además del nombre de las emociones ligadas al miedo y falsificadas, las enfermedades del miedo: me pasé toda la semana haciendo preguntas a mis pacientes y, como creo haber descubierto cosas apasionantes, fui a verificarlas en las salas con enfermos no oncológicos, en las salas de mis amigos médicos. ¿Por qué no vamos al Retiro a que os lo cuente?

Y llegamos al Retiro, urgidos por Eva, por Eduardo y por Maite, que no se aguantaban de cotillas. Ávidos de escuchar a Pedro, nos sentamos en la hierba, bajo un gran árbol desnudado de sus hojas. La nieve caía muy cerca, pues las hojas de los árboles que rodeaban al nuestro, desviaban los copos a nuestro alrededor. Saqué fotos del maravilloso parque, y le pasé luego la cámara a Eva, porque intuía que era una fotógrafa vocacional e inconsciente de serlo. Pude verificar en el visor que nuestra amiga sí que estaba muy dotada. Se lo hice ver.

-Y bueno, amigas ¿no os interesa curaros de enfermedades terribles, o, mejor, prevenirlas? Yo ya soy menos hipocondríaco con estas recetas que, generosa y benévolamente, quiero compartir con vosotros –nos acercamos a Pedro. Hasta su calva, que partía de la coronilla y ocupaba toda la parte superior de la cabeza, era simpática y se correspondía bien con su nueva imagen de pensador-. Veréis, lo primero que descubrí fueron los **órganos regidos por el miedo: la piel y los riñones.** La piel, en efecto, es el sistema que encierra el sentido relacionado con el miedo, el tacto. Lo descubrí porque yo siempre fui muy sensible de piel, y ya había verificado que cuando tenía exceso de miedo, es decir, miedo falso, hinchado diría yo, de esos que remplazan otras emociones más acordes, no sólo sudaba a mares, sino que me salían toda clase de erupciones. Por otro lado, y ya que soy en sumo grado observador, pude ver que la piel de Eduardo y de Preciada, que adolecían de falta de miedo, se volvió más luminosa y radiante desde que conectaron esa emoción. Da ganas de pellizcarlos, de pegarse a sus esplendidas pieles ahora. Y, también, observé que las personas temerosas como lo era yo, son muy sensibles, tienen mucho tacto en su trato con los demás, toman miles de precauciones y se pasan de consideradas. Por ejemplo, cuando tienen una observación que hacer a alguien, nunca encuentran que el momento es lo bastante propicio, así que mueren callados, mientras que personas como Preciada y Eduardo no se andan con remilgos y pecan de lo contrario, de manera diferente, es cierto, ya que, si os acordáis, Eduardo entraba directamente a saco y nos manipulaba para obtener que cualquiera de sus caprichos fuera complacido en el acto, mientras que Preciada es demasiado amorosa como para usarte, pero si tiene algo que decir, algo como una verdad dolorosa, va y te la larga sin preguntarse si te viene bien en este momento o no. Por otro lado, las personas temerosas buscan mucho consuelo en el tacto, y los bebés del perfil de Eduardo, para los cuales el miedo es la vocación, siempre acarician peluches y mantas para consolarse antes de dormir.

- Es cierto, -confirmó Eduardo-, yo puedo, aún hoy, acariciar una bata de seda, o un cojín de terciopelo durante horas para serenarme.

- Y para mí, -afirmé yo-, la piel de las personas lo es casi todo a la hora de seleccionar o de rechazar a alguien como amigo, ¡y no digamos como pareja! Además, si alguien peligroso viene por la calle por detrás de mí, lo suelo sentir sin darme la vuelta: se me eriza la nuca y la piel de la espalda, y, cuando me doy la vuelta y lo verifico, nunca me encuentro con un niño o con una viejecita indefensa, siempre se trata de alguien tan amenazante como para cambiar de acera, que es lo que hago.

- Bien, eso por lo que respecta a la piel, así que *las enfermedades de la piel son dolencias del miedo.* Os dejo verificarlo en vosotros y en vuestro entorno. Y también descubrí que el riñón, y muy especialmente la glándula suprarrenal tienen una relación directa con el miedo; es más, yo diría que son los órganos del miedo. No sólo por la expresión popular "tener riñones" para significar que se tiene valor, sino por la cortisona, que se dispara cuando se tiene miedo, y que nos infla a los temerosos, como una gran escafandra acolchada que interponemos entre el entorno y nosotros. Cada vez que, en vez de tristeza tengo miedo, se me dispara el cortisol y me inflo como una ballena. Y, tú Preciada, y tú Eduardo, que no teníais miedo a lo que sí hay que temer, ¿tuvisteis problemas renales?

- Todos los del mundo —respondimos a coro-.

- Y vosotros, ¿habéis hecho la relación entre periodos de miedo y la propensión a engordar?

- ¡Efectivamente! —respondimos todos.

- Pues así es, y podemos montar un negocio de esos que encantan a Eduardo —rió Pedro- y montarnos en el dólar curando obesidades.

- Te tomo la palabra —lanzó Eduardo animosamente- pase usted señora, ¿usted a qué arquetipo obedece ciegamente? ¿usted no se atreve a inscribirse en un curso de danza y pierde así una vocación? ¿y usted señora teme perder lo que nunca fue suyo? ¿por ejemplo el cariño de su suegra? ¿y acaso, señora, no está ya totalmente demostrado por su eminencia investigadora, el doctor Pedro Toledo en persona, que lo que le pasa a usted es miedo a perder esos veinte kilos que dice odiar porque le daría mucha tristeza aceptar la triste verdad de ya no ser un bebé regordete? Así que le pongo, señora, como remedio, junto con esa caja de *kleenex* regalo de casa, como tarea, llorar a moco tendido por todo lo que usted en realidad ya no tiene, o peor, nunca ha tenido, y, con ese llanto, a la vez que se la aclarará la mirada, señora, perderá como nieve al sol, esos desafortunados michelines que sólo evidencian que es usted una gran nostálgica, señora. Y si, señora, nos envía a dos de sus inevitablemente considerables y voluminosas amigas, nosotros le obsequiaremos a usted con dos tangos de Carlos Gardel. ¿Habría que enviar urgente un comando a Greenpeace para que investigaran las causas de tristeza convertidas en nostálgico y receloso miedo, de los elefantes y otros paquidermos?, seguro que hay un Nobel que nos espera —concluyó aquél cuya profesión seguía siendo un misterio para nosotros-.

- Lo has captado perfectamente, amigo, -respondió Pedro sin inmutarse-.

- Pues habría que investigar tu lista de pecados capitales, tales como, en mi caso, la soberbia, y ver qué tipo de enfermedad está a ella aliada. No estoy bromeando —nos juró Maite-. Si lográramos demostrar que cada defecto de carácter, debido a una emoción falsa o ausente, origina una enfermedad en nosotros, el mundo cambiaría, porque la gente se deja convencer mejor si su salud está en riesgo que si simplemente es para ser mejor persona.

- ¿Y eso no es volver a encontrar defectos al mundo y pasarle examen? –apuntó Roberto-.

- ¡Pues es verdad, borro lo dicho! –corrigió Maite- Pedro, eres un monstruo, de verdad te admiro, y voy a poner en práctica tu medicación y perder unos kilitos.

- ¿Túuuuuuuu? – ¡pero si eres puro hueso! –protestamos a coro otra vez.

- ¡No os creáis!, que vestida engaño un poco ... –dijo nuestra ahora muy coqueta amiga-. Pero yo ya no tengo duda alguna de que la mayoría de las enfermedades tienen, como causa mayor, emociones enfermas. Como no pienso renunciar al placer del Concilio de Los Lunes, Preciada, y en honor de mi recién deshipotecado amor solidario, yo os propongo que en el próximo encuentro os traiga como tema complementario al que hoy, y muy brillantemente, nos aportó Pedro: voy a investigar, ya no lo que si no tenemos el miedo adecuado podemos perder o dejar de ser, sino todo lo que, al tener el miedo auténtico a las amenazas reales a nuestra integridad, podemos ganar. Porque yo, ya, de ahora en adelante, veré siempre la parte positiva de cualquier cosa, ¡que dejar de ser una amargada para convertirme en un gran árbol protector, ya me toca!

7

LAS HABILIDADES QUE NOS ABRE LA SEGURIDAD

Lunes 29 de Enero del 2004:

Desde que comencé este diario no reservé ni un solo momento para mí, y, como dentro de unos minutos llegarán mis amigos, sólo quiero manifestar dos cosas: primero, que mi apego desde siempre al estudio y valoración de las emociones humanas, encuentra en este grupo de investigadores amigos, su validación. Creo, desde toda la vida, que *las emociones son las únicas energías disponibles para poner en funcionamiento nuestras manifestaciones humanas*, todas ellas. Y puedo verificar con este modesto punto de partida, pues creo que las emociones son seis, seis matrices, al menos las auténticas, con este estudio, aún incompleto, de una sola de entre las seis emociones, el miedo, la más básica y menos compleja en el ser humano, que no andaba descaminada. Y, en segundo lugar, quiero dejar patente mi inmensa alegría de ver cómo, por el sólo hecho de haber seleccionado correctamente al equipo, y por habernos puesto honestamente a interrogarnos y a sacar conclusiones, hemos logrado tantos beneficios y tan grande transformación en un tiempo tan corto. Yo me sentí siempre más inspirada en compañía de mis iguales, los humanos, que sola en un laboratorio, y sigo creyendo que cuando los seres humanos honestos se unen para resolver sus problemas, encuentran apoyo, eco, valoración y aliento en sus semejantes. Y esto es todo por hoy, pues el timbre de la puerta suena ya. Debe ser Maite, esta vez con quince minutos de adelanto.

Efectivamente, era Maite, y venía muy transformada: su preciosa silueta estaba valorizada por esa nueva flexibilidad que dejaba atrás ese envaramiento que antaño la hacía parecer dura, como de plástico, y, aunque siendo la benjamina del grupo, pues sólo tenía veintiséis años, mayor que nosotros, tal vez por su gesto cejijunto y severo, inquisitorial, que evidenciaba una personalidad intransigente y algo acusadora, ávida de cazar defectos en los demás y de corregirlos. Ahora estaba alegre y distendida, y, es más, cuando se sentaba, se inclinaba hacia adelante, con las manos extendidas ligeramente, presta a consolar, a ayudar, a ponerse en los zapatos del otro. Tenía un tipazo de top model, pues era alta y delgada, con un esqueleto de huesos muy visibles en los altos pómulos, en la frente despejada, en la nariz rotunda y ligeramente aguileña, en los muslos larguísimos, en manos y pies estilizados y elegantes. Conservaba el porte de reina, erguido, pero más humanizado que antaño. De princesa, ahora, más bien. Y ya no llevaba esos trajes sastre impecables y aburridos que la hacían parecer tan conservadora y obediente de las apariencias sociales más rancias. Ahora estaba realmente elegante, tenía glamour, combinada materiales nobles, sí, pero insólitos, pues no es usual combinar seda salvaje con lana artesanal y botas de ante. Estaba sonriente y de buen humor, afable y servicial; se ofreció inmediatamente a llevar la bandeja de las bebidas al salón y ella misma abrió la puerta a los amigos que iban llegando, saludándolos alegremente. Hoy era, definitivamente, su día, y en todo.

Roberto nos sorprendió llegando antes que Pedro, y con camisa nueva y blazer sobre su tejano. Cuando nos terminamos de saludar todos y de intercambiar alegres informalidades, mezcla de chistes, chismes, comentarios sobre la última exposición de pintura, y de criticar la película en boga en la actualidad, hicimos silencio espontáneamente y miramos atentamente a nuestra conferenciante del día que arrancó sin prolongar el suspense, afablemente:

- Lo primero que me pregunto, y me dirijo especialmente a ti, Preciada, ya que como consultora especializada en dirección de procesos de cambio en organizaciones, y con tantos y tan sonados éxitos, debes haber investigado el tema, y sí, no pongas esa cara de modesta, este grupo es idea tuya y lo de las emociones es, desde siempre, tu caballito de batalla, mi pregunta es ¿existe una estructura en nuestra personalidad que sea la que se mueva y funcione con el miedo?

- Pues sí, yo creo que hay siete estructuras en nuestra personalidad, y que cada una cobra vida con una de las emociones básicas e innatas del ser humano. Esta que nos ocupa, la que tiene como fuente de energía el miedo auténtico, la suelo llamar el Rector, porque rige nuestra recta conciencia, nuestra ética, y pone límites a las amenazas contra nuestra integridad. Si la quisiéramos localizar en el cuerpo, la colocaría en la espalda, desde la nuca hasta los riñones incluidos, pues comparto las conclusiones de Pedro, y en toda la piel, que viene a ser nuestra coraza de protección. Cuando nos sentimos en seguridad, sin sensación de peligro, ¿no es acaso usual decir que tenemos las espaldas protegidas? ¿y cuando somos valientes y enfrentamos nuestros miedos superables, no se dice que tenemos riñones?

- ¡Ah! Pero, cuéntanos Palomita, ¿qué es eso de las siete estructuras y seis emociones que tenías tan escondido? ¿Por qué no siete emociones, para que haya una para cada una? ¿Y es el final de las sorpresas o hay más? –preguntó Roberto, con gran interés-.

- Hay más. Pero no sé si viene ahora a cuento contaros el producto de tantos años de investigación. Yo sólo diría, que, por el momento, nos ocupemos de una de ellas, porque no os quiero influenciar y porque hasta ahora todo ha ido viento en popa y hemos ido comprobando en nuestras propias carnes y en nuestra mente, y en el alma y no digamos en el espíritu, del cual me reservo el honor de hablaros yo, ya que es mi vocación, que efectivamente, hay una emoción, el miedo auténtico en este caso, cuya función es afincar nuestra seguridad, y que los falsos miedos nos apartan de ella. ¿Cómo llegaste a deducir que hay una estructura en nuestra personalidad, Maite, que garantiza la seguridad cuando está alimentada por el miedo auténtico, que es la que nos alerta sobre las amenazas de nuestra integridad? Y, sí, Roberto querido, hay algo más, el sentido aliado, a todo este sistema, el tacto, como muy bien observó Pedro. Entonces eso es así: *una antena, que es el sentido, y nos hace captar el estímulo, una emoción, que pone en marcha una estructura, especializados todos en la función de seguridad.*

- Yo –dijo Maite-, como abogada, y como muy sistemática, que soy, me siento segura con los sistemas en general. Un sistema es coherente, no es aleatorio, es más científico.

- ¿Y "Dios no juega a los dados con el universo" como decía tu amado Einstein, verdad? – apuntó Pedro, muy risueño.

- Exacto, hay un orden preexistente a nosotros, un orden más que científico, la naturaleza es perfecta, somos nosotros los ignorantes –aseguró Maite-. Y bien, si existe la necesidad universal de seguridad, yo deduzco que tenemos una estructura en nuestro interior, una instalación que nos la posibilita y nos causa esa necesidad básica, humana en suma.

- Y no sólo humana, hasta las plantas, dicen los científicos, gritan cuando las van a cortar, a matar –dijo Eva-. Y no digamos los animalitos, es lo que más buscan en la vida, seguridad. Los animalitos y los niños, en realidad.

- Exacto –prosiguió Maite- yo diría que la seguridad es nuestra primera necesidad como criaturas. Como creaciones vivas, queremos, ante todo, seguridad de preservar la vida. Entonces me parece muy bien **llamar a esa estructura el Rector**, me encanta el nombre, me va, me cuadra. Lo segundo que me pregunté es si, al existir una estructura, habría **capacidades** *naturales ligadas a ella, que, al cultivarlas, originarían un gran abanico de habilidades*, esas sí, debidas al desarrollo del ser humano.

- ¡Brillante me parece tu enfoque, Maite, y muy lógico! –aplaudí yo- ¿y cuáles serían esas capacidades?

- Yo encontré muchas, amiguitos, y muy exaltantes, -apuntó Maite con orgullo- y hasta os hice un diagrama, que, con la ayuda de Preciada, podríamos hasta publicar en alguna revista de recursos humanos, pues todas ellas se interesan por las habilidades directivas.

- A propósito de habilidades -dijo Roberto- yo me ofrezco a haceros una mini conferencia sobre este tema el próximo lunes. Y que sea en mi pub favorito, frente a un café irlandés, y una chimenea encendida.

Vitoreamos todos esa brillante iniciativa de Roberto y así lo emplazamos: a contarnos sus descubrimientos sin poner remilgos. Empezaba a confiar en su orgullo y entonces me sorprendí mirándolo con una mirada que me hizo enrojecer, una mirada, no precisamente de amiga, si no de mujer. Asumí esta realidad, más bien con alegría. Mi gatito siempre me había inquietado, estimulado, enervado más de la cuenta, y hoy descubría porqué: porque yo había intuido en él un orgullo de verdad, un orgullo de esos que transforman, que hacen crecer, que te hacen genial. Y *entonces me di cuenta de que había una clara relación entre el orgullo verdadero y el miedo, pues donde surgía el orgullo, retrocedía el miedo*. No comuniqué este descubrimiento para no perturbar el desarrollo de la ponencia de Maite. Pero me prometí ahondar en ello pues sentía que a todos nosotros, a todos los seres humanos en verdad, nos iba mucho en ello. Durante todo ese rato mantuve la mirada sobre Roberto, pues no soy de esas que juegan a las hembras asustadizas. Cuando un hombre me interesaba, yo sentía un placer muy especial en mostrarlo de manera pura y auténtica, sin remilgos. Lo que ocasionó que Roberto también se sonrojara y que los demás empezaran a intercambiar miraditas cómplices que me parecieron idiotas, adolescentes, así que los fulminé con airada mirada. Se rieron todos, incluyendo a Roberto. Y yo encendí un cigarrillo más.

- Sigue Maite, por favor –invité yo, ya tranquila.

- Sí, sigo. *Lo primero que hace el Rector, es, ya lo vimos, poner límites* a todo lo que vemos como razones de miedo, amenazas a nuestra integridad. Poner límites es lo primero que hay que hacer en ese caso, para mantener la integridad ¿no os parece?

- ¡Di que sí! -apostilló Pedro, encantado de la vida- lo primero, cuando vemos una amenaza, un atropello, una invasión, un peligro es poner límites. Así soy yo.

- ¡Di que no!- respondió Eduardo con pasión- pues si pones límites en cuanto te inquietas, te cierras a todo lo nuevo, a todo el cambio, a toda la aventura.

- Yo estoy con Eduardo –revelé yo- a mí, cuando algo me sorprende, me quita el piso en el cual estaba, siento una enorme gratitud, y mucha alegría, como Eduardo, porque entonces, de seguro, habrá un cambio, y un cambio siempre es bueno.

- Ni tanto ni tan calvo, gatita, -respondió Roberto- no hay que confundir alegría que es lo que corresponde al cambio, y temeridad, que es lo corresponde cuando hay un peligro, una amenaza a tu integridad. Ya vimos que tanto Eduardo como tú os pasáis de temerarios, no sentís miedo cuando hay que sentirlo, y Pedro se pasa de conservador, y tú también Maite. Yo creo que lo que corresponde al miedo es poner límites, barreras, protecciones, y lo que corresponde a la alegría es acelerar y tumbar límites, frenos y barreras.

- ¡Bien hablado y mejor dicho! –bromeó Eva-, así sí que la vida sería maravillosa. ¿Pero cómo saber distinguir con precisión cuándo es miedo y cuándo debemos tener alegría? A mí, una nueva oportunidad me da miedo, mientras que, por lo contrario, Eduardo y Preciada se tiran al ruedo aún cuando todo parece indicar que no hay tal oportunidad, que hay sólo razones de miedo.

- Bueno –dije yo-, creo que se podría distinguir claramente el miedo auténtico, que debe exigir límites, de la alegría, que es cambio y vida. Creo que la clave está en la actitud, en el orgullo, en realidad: si confías en ti y en el otro, un cambio es bueno a priori. Si desconfías del otro, como Pedro, como Eva, y como Roberto, pues en vez de orgullo saldrá el miedo, y os perdéis posibilidades que Eduardo y yo nunca nos perdemos, aunque sí confieso que muchas veces nos pasamos, dejamos de ver razones de miedo y dejamos límites sin poner, luego nos quejamos de lo mal que nos han tratado los tóxicos. Es verdad. ¿Habrá un indicador preciso que nos pueda hacer saber cuándo debemos poner límites, porque la situación es amenazante, y cuándo pisar el acelerador y alegrarnos? Yo sólo puedo constatar que, hay gente como Eduardo y como yo, que prefieren caerse con tal de no perderse nada de la vida, y otros, como Maite, Pedro y Eva que prefieren decir que más vale pájaro en mano que ciento volando. Y a ti gatito, yo te pondría más bien en mi bando, aunque creo que la respuesta sabia para todos nosotros ha de venir de ti, porque creo, de verdad, que tú, y sólo tú, tienes ese medidor integrado.

- Mil gracias palomita – respondió Roberto sonrosándose de gusto- creo además que es cierto. Yo tengo rollos con el orgullo, pero no con el miedo. Casi nunca tengo que lamentar el haberme perdido algo bueno o el haber dejado de poner límites a alguien peligroso.

- ¡¿Y cómo lo haces?! – suplicamos todos a coro.

- No confundiendo miedo y amor como lo hace Preciada, ni miedo y alegría, como lo hace Eduardo. Yo creo que en mí hay tres ¿capacidades las llamaste, Maite? ¿capacidades o habilidades? Bueno tres eso mismo, como se llame: **flexibilidad, auto confianza, autocontrol y sentido de defensa propia**, que ya son cuatro cosas, que se me dan bien y que son la clave de saber poner límites o no.

- ¡Jo macho, qué brillante! –lanzó Eva, sin formalismos, para nuestra gran sorpresa- A ver: flexibilidad, sí, pues eso es contrario a la rigidez, ya veo que desde que perdí rigidez, perdí prejuicios, y por lo tanto ya no estoy a la defensiva, así que no me cierro cuando no he de hacerlo –aprobó nuestra Eva, y todos nosotros cabeceamos para indicar que hacíamos nuestra esa primera fórmula- Y luego, dices, auto confianza, sí, eso también es obvio, si estoy entrenada a subir una montaña, si me ponen una colina por delante voy animosamente, mientras que si jamás hice ningún esfuerzo por subir, me dan sudores fríos ante ese reto, y aquí sí que veo lo que dice Preciada, la relación entre el orgullo y el miedo. Y luego, dices, Roberto, autocontrol, pues también, porque si tengo confianza en mi capacidad de controlar cualquier situación, pues no me precipitaré en poner límites inadecuados, no me perderé nada bueno pero sabré detectar mejor lo peligroso y pondré entonces límites. Lo que no alcanzo a ver es eso de la confianza en mi capacidad de defensa propia, o sí, claro, con mi problema con la rabia, eso me chirriaba, claro que sí, si tengo esa capacidad de defenderme no voy a temer sino lo realmente temible.

- Lo que sí veo bien, una vez más –apostilló Pedro, quejumbroso-, con eso del orgullo que decís tan bien, es que mientras Eduardo y Preciada a veces se lastiman, como se lanzan a todo, pues tienen el orgullo cada vez más alto, y que yo, como no me lanzo, lo tango cada vez más hundido. Lo que para ellos es un paseo militar para mí termina siendo el Himalaya.

- Pues lánzate en vez de auto compadecerte – le dije yo, algo molesta- pero mejor, lánzate como Roberto, midiendo esos indicadores en ti, y no como yo porque no es bueno. Yo al menos, aprendí mucho con Roberto. Y creo que por donde fallaba era por lo de la flexibilidad, porque, como bien señaló Roberto, yo era demasiado flexible, confundía miedo con amor, es cierto.

- ¡Jo palomita! Cómo me pones de contento hoy, me siento como un pavo real –respondió Roberto- no me tienes acostumbrado a ese trato.

- Es que tampoco habías mostrado tu orgullo antes – dije yo- y es realmente precioso, ese sí que eres tú, para que te enteres – y Roberto sonrió, con orgullo tranquilo, lo que hizo latir mi corazón notablemente más deprisa-.

- Bien sigo entonces, luego viene otra capacidad, - dijo Maite- capacidad Roberto, no habilidad, capacidad es innato, es algo que eres capaz de hacer desde siempre, mientras que la habilidad surge de la capacidad, es desarrollada con el aprendizaje. Por ejemplo, **poner límites** era una capacidad, mientras que lo que presentaste como indicadores son habilidades desarrolladas a partir de la capacidad de poner límites.

- Gracias bonita –pronunció Roberto con algo de sorna- veo que nos ha preparado hoy una sesión bien sesuda, aunque apasionante –añadió apresuradamente, antes de que Maite se sintiera atacada-.

- Es que estoy de estreno en no disparar el orgullo –aceptó Maite, sonriendo sin dolerse-, aún soy un poco petulante y soberbia.

- Tú sigue preciosa, que además de preciosa estás apasionante – la apoyó su mejor fan, Pedro- ¿Cuál es esa segunda capacidad?

- La de **diagnosticar**. Yo creo, y eso lo hablé ayer por teléfono con Preciada, quien está de acuerdo conmigo, que la capacidad de diagnosticar es la más alta, la más difícil y la más apasionante función del Rector, la que más nos garantiza seguridad. Y sí, -añadió Maite, apasionada- ¿Os dais cuenta de lo seguros que estaríamos si tuviésemos la facultad de diagnosticar de manera certera, sin equivocarnos? Saber qué es cada cosa, con exactitud, haría retroceder el 90% de los miedos. Lo que nos pasa a los humanos es que no sabemos qué es cada cosa.

- Entonces, esta vez, yo me borro ante Preciada, porque ella es casi bruja en eso. Donde pone el ojo pone la bala, ella, lo que más hace en la vida, es diagnosticar, y como una maestra, jamás la vi equivocarse, aunque mil veces me pareció loca cuando diagnosticaba algo que ninguno veía, como el habernos seleccionado a nosotros para hacer este grupo, y fijaos que somos seis –añadió Eva-, y representamos todo el espectro de la raza humana, de las familias emocionales, como dice ella.

- Gracias Eva – respondí- reconozco que me asombro yo misma ante ese don mío. - Y, a propósito Maite querida, *diagnosticar no está relacionado con el qué si no con el dónde*, y esa es mi clave para vosotros. Yo creo que mientras los demás se preguntan qué es tal cosa, cómo es que se llegó a tal otra, porqué, para qué, cuándo, yo me pregunto dónde, sólo donde.

- ¿Cómo que donde? –preguntó Pedro ansioso- eso sí que me interesa palomita, ¡cuenta, cuenta!

- Pues sí –proseguí- *"¿dónde?" es la clave*. Para asegurar la seguridad es inútil hacerse otras preguntas. Inútil y contraproducente, *si detectas donde está el peligro, ya estas a salvo cuando lo encuentras*. Además, y ese es mi caballito de batalla, eso permite más amor y también mayor confianza en ti, si sabes por ejemplo, que el peligro en mí es mi falta de miedo, pues no tienes porqué rechazarme por entero, has de poner límites únicamente cuando te animo y no veo el peligro, y si sabes que, en Roberto, el peligro está en que cuando está triste se pone agresivo y busca culpables, ya estarás sobre aviso cuando haya algo tremendo que se estropeó, porque sabrás que por allí te pude dañar. No necesitas rechazar a todo Roberto y perderte alguien tan maravilloso. Yo diagnostiqué por qué pie cojeáis, y así os amo apasionadamente y en seguridad absoluta. Sí, –añadí al observar la animación y la alegría de todos-, os diré por dónde podéis hacer daño, por donde yo me protejo de vosotros, ya dije de mí y de Roberto; de Pedro, el peligro viene cuando hay algo injusto, y que merece rabia, entonces él lo transforma en culpa, se ataca, y cuando ya no soporta más hostigarse, busca responsables a fuera, y nos culpa y se hace la víctima; de Eva el peligro viene de las razones de orgullo, cuando ella está frente a algo genial, saca rabia, porque se culpa de no haberlo inventado ella, entonces puede llegar ser envidiosa, y eso es terrorífico; y de Maite el peligro viene de las razones objetivas de alegría, cuando todos queremos disfrutar, entonces ella se enfurece y nos trata como a irresponsables, porque en realidad ella no se autoriza a dejar de sostener el peso de la tierra y quiere ser nuestro modelo sobre lo que hay que hacer cuando uno es "responsable"; y de Eduardo, y eso me es muy difícil de aceptar, pero por rollo mío, el peligro viene de las razones de amor real, él, cuando ama, se pone celoso, competitivo y agresivo. Y eso es todo, porque, por lo demás, todos somos maravillosos, y lo seremos aún más cuando podamos recuperar esa otra emoción prohibida por nuestro ídolo particular. Pero diagnostico que, antes, hay que dejar de ser inseguros y peligrosos por donde ya os diagnostiqué, a cada uno, que fallamos.

- ¡Genial, Preciada! -dijo Maite- ¿ves por qué eres tan importante para mí?- es que eres genial.

- No por donde soy una amenaza para mí y para los demás, no cuando confundo el miedo con el amor y me dejo comer por el lobo o loba de turno —reconocí- y os reprocho de ser duros al no amarlos.

- ¿Y cómo nos diagnosticas ahora?, ¿hemos progresado mucho, no? —preguntó Pedro con mirada brillante, pues este era, aún más, un día decisivo para él.

- ¡Ya lo creo! —aseguré- todos hemos realizado un crecimiento extraordinario, todos somos más seguros, menos tóxicos y dañinos, y todos tenemos más seguridad, y aún nos faltan aspectos decisivos por analizar y conquistar.

- A este paso vamos a revolucionar las ciencias humanas –
bromeo Roberto-

- Di que sí, y con orgullo –le contestó Maite risueña- con orgullo,
no con alegría que si no me enfado –prosiguió guiñándome un
ojo cómplice- pues vista la segunda función del Rector, creo que
la siguiente es la de *separar*, y las tres, por ahora, según veo,
son secuenciales: primero pones límites, para tomar distancia,
para diagnosticar dónde está el peligro, luego diagnosticar,
luego, como bien explicó Preciada, estás en medida de separar
lo tóxico, lo amenazante, de lo inocuo, de lo favorable, y así, no
tienes porqué poner límites excesivos como lo hacemos Pedro y
yo. Yo lo hacía porque no era capaz de diagnosticar, así que
cuando algo sonaba raro, ponía barrera y a veces cruz y raya
contra todo lo relacionado con esa persona o situación, y claro,
así cualquiera adquiere reputación de exigente, de intransigente.

- ¿Y tú Pedro por dónde fallabas tú?

- A parte de en todo quieres decir- rió él- pues, por ahora, en
defensa propia y en diagnosticar. Pero sigue, Maite.

- ¡No, no sigas, párame el carro aquí! –lanzó Roberto- Yo cojeo
en eso de separar, cuando alguien me falla yo suelo tirar el agua

sucia de la bañera con el bebé adentro, soy resentido, no perdono.

- Eso pasa por lo que ya dije, Roberto, eso es porque la tristeza de haber sido lastimado la conviertes en agresividad. Y rompes relaciones, en vez de buscar dónde está el problema y cómo solucionarlo –dictaminé-.

- Cierto Palomita, pero tú que separas tan bien, dinos cuáles son tus secretos, porque yo me huelo que si aprendo eso, ya nunca más sufriré tanto.

- Yo creo que separo mejor que Preciada –aventuró Pedro mientras yo cabeceaba, aprobando su diagnóstico- y estoy feliz de ver que en algo del miedo y de la seguridad voy bien- Mi secreto está en mis habilidades muy desarrolladas para *el tacto, la sutileza, y también la normalidad que otorgo al hecho de fallar.* Así soy más indulgente, más comprensivo y más paciente que nadie. Y merezco un aplauso por ello. –dijo, y todos lo aplaudimos calurosamente-.

- Tampoco yo me paso en la capacidad de separar, también soy rencoroso –confesó Eduardo.

- Rencoroso no eres, -precisé yo- tú eres celoso, rencor es rabia en vez de tristeza y celos es rabia en vez de amor. A ti, cuando te fallan piensas que es porque han elegido a otro preferido a quien aman más que a ti.

- ¿Y eso cómo lo sabes? Es verdad que eres casi bruja diagnosticando –rió Eduardo, y no respondí-.

- La cuarta función no la sé, porque yo paso directamente a la quinta, y pierdo la secuencia, yo detecto la capacidad de defender, pero perdí, lo sé, un eslabón.

- La de *localizar*, es eso, lo que hago yo, y eso es la clave de mi éxito, en eso no hay nadie mejor que yo, ya veis. –dijo Eduardo, vendiéndose- Yo, *después de separar, localizo la oportunidad, el lugar seguro que queda dentro de lo que ya separé como bueno*, o sea que localizo de lo bueno lo mejor, por eso veo oportunidades donde los demás no las ven, así, me adelanto, y venzo. La prueba de ello es que todos vosotros trabajáis para vivir mientras que yo me divierto, pues localicé oportunidades por allí, que otros ni sospechan.

- ¡Enséñanos cómo lo haces, Pedro! -vitoreamos todos a coro-.

- Con gusto, y gracias a mi proverbial generosidad, en detalle: *imparcialidad, precisión y valentía*, nada más, y nada menos, todo sea dicho –precisó Eduardo-. Imparcialidad porque no soy un emocional, aquí como nuestra amiga, -dijo mirándome con algo de sorna competitiva- yo soy un realista. Miro lo que es, no lo que debería ser, como Maite o Roberto, ni lo que podría ser, como Preciada o Eva. En eso sólo Pedro se parece a mí. Luego, precisión, no soy chapucero, en eso Pedro ya no rivaliza conmigo. Soy preciso, como Eva y Maite sólo lo son aquí. Y luego valiente para parar un tren di que sí, veo un sector libre y si hay riesgos porque nadie lo intentó, eso es un aliciente más para mí.

- Hay, hay, hay, yo nunca seré un localizador entonces – se lamentó Pedro.

- Di que sí amigo, - le dijo Eduardo, pasándole un brazo protector por los hombros- di que sí, claro que vas a serlo, y muy bueno, si quieres nos asociamos, tú localizas y todo lo que no te atrevas a hacer, lo hago yo, así me forro y te doy una jugosa comisión.

- Vale, trato hecho -respondió Pedro, contento-.

- Pues sí, pues sí que es ese el eslabón que me faltaba. Diagnosticar, luego separar, luego localizar el espacio seguro, y luego **defender lo que vale la pena defender**.

- Eso sí que no sé hacerlo –confesó Eva- me muero de ganas de aprender las claves. Yo veo la defensa relacionada con la rabia, y ya sabéis mis limitaciones en ese aspecto.

- Yo te puedo enseñar –dije- y no, el ataque es rabia, la defensa es miedo. Yo defiendo las cosas y las personas en las que creo a capa y espada, y Maite también, creo, y la clave es la *ética activa*. Si algo está amenazado y si ese algo es ético, es recto, es fiable, es seguro, entonces hay que pasar sobre mi cadáver para poder dañarlo.

- La ética activa; ya somos tres, palomita –apostilló Roberto- ya somos tres, pues a mí ya pueden desollarme que si es cuestión de ética activa, ya me pueden desollar vivo, que no retrocederé jamás.

- Qué diferentes somos todos –se extasió Eva-, qué interesante descubrir que tenemos seis universos diferentes, tan coherentes y sistematizados, eso es fascinante.

- Sí, -contestó Maite- **universos diferentes, y sin embargo llegamos a consensos absolutos** en todo lo que ya hemos visto. Yo, cuando Preciada, que adoro desde que crecí, me decía que las guerras sólo se debían a malos entendidos y a la falta de paciencia para comprendernos y respetarnos, me parecía una utópica, una romántica, hasta peligrosa creía yo. Claro, el famoso amor transformado en miedo, ya lo veo claro ahora, pues ella es la que más amor me inspira, por eso le tenía miedo. Y ahora le doy la razón en todo esto: **hay leyes perfectas que nos rigen**, y nuestro problema era el no haberlas detectado antes. Sueño con ese mundo sin guerras que ella ama tanto y que ve tan cercano. Ojalá tenga razón y estemos en los albores de un mundo nuevo, como cree ella. Un mundo al fin, seguro para todos, como lo está siendo, cada día más, el nuestro, el de nosotros seis.

- Sí, en verdad Dios no juega a los dados con el universo, Einstein tenía toda la razón, y eso yo lo supe desde siempre – respondí-. En la Creación todo es perfecto, todo está regido por leyes precisas y perfectas, prodigiosamente perfectas, y eso es mi mayor fuente de seguridad y de eso os hablaré en la clausura de este seminario, pues esto es un seminario completo de investigación, de crecimiento, un momento y un lugar que cambiará nuestras vidas para siempre y eso que sólo estamos viendo un sólo árbol, no el bosque, estamos hablando tan sólo de la seguridad. Y hay cinco otros universos maravillosos, cada vez más complejos a medida que ascendamos en el conocimiento de esos tesoros que todos tenemos al nacer. ¿Y por qué me miras así, tan raro, Eva? Veo rabia en tu mirada. Y os pido perdón, porque estoy algo emocionada al ver que todos y cada uno estáis siendo la estrella, por derecho propio, de una de nuestras sesiones, y hoy pude ver a Maite, a la que quiero tanto, ser así de perfecta como es ella, y decirme "te amo, Preciada", que es lo que más me emociona.

- Perdona Preciada que te haya mirado con rabia –dijo Eva muy avergonzada- y es verdad que he sentido rabia, debe ser orgullo en realidad, o sea, admiración, ya que os admiro mucho a Maite, a Roberto y a ti, y también un poco a Eduardo, por poder volar tan alto y manejaros así en un nivel conceptual. Para mí, tan práctica y realista, no es tan fácil asimilar todo esto sin un ejemplo práctico, operativo, de la vida diaria.

- Yo me sumo a la petición de Eva – manifestó Pedro con grandes cabeceos-, a mí también me cuesta asimilar las cosas conceptuales si no las desmenuzo a conciencia y las pongo a trabajar en el plano operativo. Lo que propondría sería que tomemos un ejemplo de miedo muy grande, por ejemplo, y ya que tengo la palabra así como una tendencia hipocondríaca, el miedo a enfermar, y hagamos el recorrido en toda la secuencia esa de las capacidades del Rector, a ver qué aprendemos todos.

- ¿Por qué no? –apoyó Eduardo- a mí me divertiría mucho participar en esto.

- Pues si lo deseáis, y para que sea aún más operativo, propongo que los que más dificultad tienen, participen más, porque así lo asimilarán totalmente –dije yo-, me vale el ejemplo del miedo a enfermar que compartimos todos los humanos, y no sólo los humanos, creo yo.

- Vale, -dijo Roberto con desgana- aunque no entiendo cómo no se puede no asimilar sin ejemplos prácticos, y no es desprecio, no, es pasmo. Porque a mí me pasa lo contrario, mientras no se nombren las cosas y si es por conceptos mejor, no me entra.

- Es que según veo, el necesitar ejemplos debe tener que ver con la tristeza, ya que tanto Eva y Pedro tienen con ella relaciones poco normales, la una por exceso y el otro por defecto –diagnosticó Maite-.

- Dejemos el tema de la tristeza para el próximo capítulo de esta investigación –rogué yo-. Pues cada emoción es un universo entero y no me gustaría que nos apartemos del miedo y de la seguridad sin rebañar el plato. Y sí, Maite, tienes razón en lo que dices, las personas que tienen problemas con la tristeza necesitan aterrizar todo, este problema es un capítulo entero, y no de este concilio vaticano. Por ahora, estamos en el miedo, la seguridad como función, y el Rector como estructura y el tacto como sentido. Nada menos, que no es poco. Y partimos del miedo a enfermar. También hay un color relacionado con cada emoción. *El color asociado a la seguridad es el morado*, toda la gama de violetas. Os lo digo como pintora que soy, lo investigué muy bien, y es así. Os propongo que el lunes próximo vengamos todos vestidos de violeta, morado, lila, y lo podréis constatar. Pero volvamos al miedo a enfermar de Pedro.

- ¿Por qué? ¿Tienes algún síntoma o herencia genética inquietante? – preguntó Roberto con algo de guasa-.

- Mal empezamos, nada de "por qué", hemos visto que con el miedo hay que empezar por "dónde". ¿Dónde está el problema? Podrías haber preguntado –puntualizó Maite-, y ya ves que funciona, porque vi, con estos ojitos, ya no tan pequeños, ¿visteis que desde que tengo el amor mejor mis ojos son más grandes?, las orejitas de Pedro enderezarse como las de un cachorro ante el "donde".

- El problema está en mi miedo hinchado –reconoció Pedro- pero esa no era la manera en que convenimos. Primero decís que hay que poner límites, decirme por ejemplo "ya está bien con tus manías", pero eso a mí no me valdría, me sentiría aún más culpable.

- No, -dijo Maite-, eso no es poner límites éticos y respetuosos, pues *eso es el miedo, respeto*; habría que decirte: "no te angusties, tranquilízate, cuéntame tranquilamente dónde te duele y donde está el problema, que yo te ayudo a diagnosticar".

- ¡Eso sí que me gusta ¿ves?, a mí, si me hablan así ya ni me siento capaz de enfermar! Gracias amiga —dijo Pedro, arrebolado-.

- Luego sí podrías decir tú, Pedro, "es mi miedo inflado", eso es un diagnóstico —dijo Eva-.

- Sí, y añadiría qué tonto soy, siempre con las mismas —confesó Pedro-.

- Y yo te diría: "estás angustiado, estresado, si es que siempre estás así "—respondió Eva- eso es otro diagnóstico. Y te invitaría a separar las cosas, ya que esto es lo que toca, y a contarme dónde te sientes más seguro y dónde no.

- Y yo te diría que contigo sí que me siento seguro porque eres muy diligente, y estás atenta a todo y que si tuviera un infarto no me daría tiempo a morir antes de que llegaran por lo menos dos ambulancias y seis médicos y que, mientras tanto, ya estarías haciéndome el boca a boca y masajitos cardíacos, joder, si me dan hasta ganas de enfermar –dijo Pedro-.

- Entonces yo insistiría para que me digas dónde tienes más miedo de enfermar – sonrió Eva, complacida por el piropo-.

- Y yo te respondería que cuando estoy solo, en casa, de noche, y cuando la gente pelea, y cuando veo un documental sobre la miseria, y cuando la gente que quiero se separa o muere.

- Yo lo que puedo localizar –dijo Eduardo- puesto que después de separar toca localizar- es que tienes miedo a enfermar cuando te sientes responsable de alguna desgracia o cuando te sientes castigado por malo ¿es así?

- Es exacto -dijo Pedro-, es absolutamente cierto, no había caído en eso, no había relacionado mi miedo con la culpa, el sentimiento de culpa.

- El cual, como vimos, es rabia contra los que te acusan de lo que ellos mismos te hicieron. Danos un ejemplo, por favor Pedro –rogó Eva-.

- No sé, no soy consciente de ello, pero la última vez que tuve una crisis de angustia y miedo a morir de asfixia fue cuando decidimos echar a fuera a nuestro ídolo, a Aquiles. Esa noche estaba muy feliz, y sentía rabia, y esa rabia me hacía sentir fuerte, potente, me hacía ser yo, y cuando llegué a casa dormí como un tronco, sin esos insomnios y miedos habituales, y al día siguiente, por la tarde, tuve esa crisis.

- ¿Y qué pasó en la mañana de aquél día, qué pasó entre el momento en que despertaste y lo que siguió? –preguntó, inquisitivamente, Roberto con ojitos brillantes-.

- Nada, lo normal, fui al hospital a trabajar, tuve una reunión con mi jefa, y luego me sentí mal, y fui a casa y creí morir.

- ¿Y de qué hablasteis en la reunión, tu jefa y tú? –pregunté yo-.

- No recuerdo, de lo de siempre supongo, ella se puso pesada porque quería que yo hiciera turnos que correspondían a otro, como siempre, y acepté después de ponerme más duro que nunca, pero cedí, nada de particular, salvo que usualmente acepto sin protestar.

- ¿Y te culpabilizó, te chantajeó o algo por el estilo? –insistió Roberto.

- No más que siempre, sí, claro, siempre lo hace, me hizo sentir egoísta, y al tiempo, me insinuó que si no cedía se opondría a que me ascendieran aunque me lo merezco.

- ¡Una gran causa de rabia que te hizo transformar en culpa primero, en miedo a represalias después! –denunció Eva.

- Pues sí, ya lo veis- dije yo- y ya que hemos localizado, ahora toca **defender**, os invito a que cada uno lo haga. Yo Pedro, me pongo a tu disposición para hacer un diagnóstico de tu jefa y darte las claves para confrontarla y ponerla en su lugar, porque está haciendo irregularidades que pueden y deben ser denunciadas.

- ¡Y yo te presto una cimitarra para que vea lo que vale un peine! –dijo Roberto- no, en serio, te busco en Internet todos los casos de denuncias y de sentencias contra jefas abusivas.

- Y yo voy contigo a verla y le digo que soy amiga de su ministro y que ya reporté esa irregularidad, para, al menos, que los insomnios y crisis de asfixia los tenga ella, y no tú –dijo Maite.

- Y yo que soy un especialista en eso, le escribo una carta donde le demuestro que te envidia y sabe que tú la vas a superar y quitarle el puesto, y por eso, te quiere mantener entretenido y paralizado- ofreció Eduardo-.

- Pues sí que me siento más seguro ahora –dijo Pedro- y se levantó.

- ¿A dónde vas? –reclamó Eva, aún quedan dos pasos secuenciales: *legislar* y cerrar poniendo *límites nuevos.*

- Correcto –dijo Maite- legislemos: pongamos como artículo en el código de ética de Pedro que cuando ella le pida sacrificios nunca más acepte, para protegerse de pagar doblemente los platos rotos, haciendo guardias que no le corresponden y encima enfermando de rabia.

- Exacto –aceptó Eva- y pongamos nuevos límites: debes poner a esa tipa en tu lista negra de seguridad, Pedro, de esa ya no debes permitir una sola invasión de tu territorio interno ni externo. Ahora sí amigos, que me quedó claro el proceso, sirve para, *entre diagnóstico y diagnóstico, ya no empezar de cero*, como en el mito de Sísifo: hay personas positivas, de las que no vienen peligros y amenazas, y otras negativas, entonces, una vez diagnosticadas, ya regirse por límites más estrechos en nuestra relación con ellas, y más amplios para los buenos, ya que estamos con ellos en un espacio de seguridad.

- Sin olvidar que entre límites y nuevos límites, lo que toca después es hacer otro diagnóstico para ver si el paciente empeoró, con lo cual hay que poner límites aún más férreos, o mejoró, y lo que corresponde entonces es bajar más la guardia y relajarse porque hay seguridad. Así seremos justos además de seguros. Porque la finalidad trascendente de la seguridad es la armonía, pero eso os lo cuento al final –concluí yo-.

- Y todos dimos un aplauso muy nutrido a Maite, quien al día siguiente nos envió por e-mail este diagrama que incluyo aquí.

NUESTRO SISTEMA DE SEGURIDAD

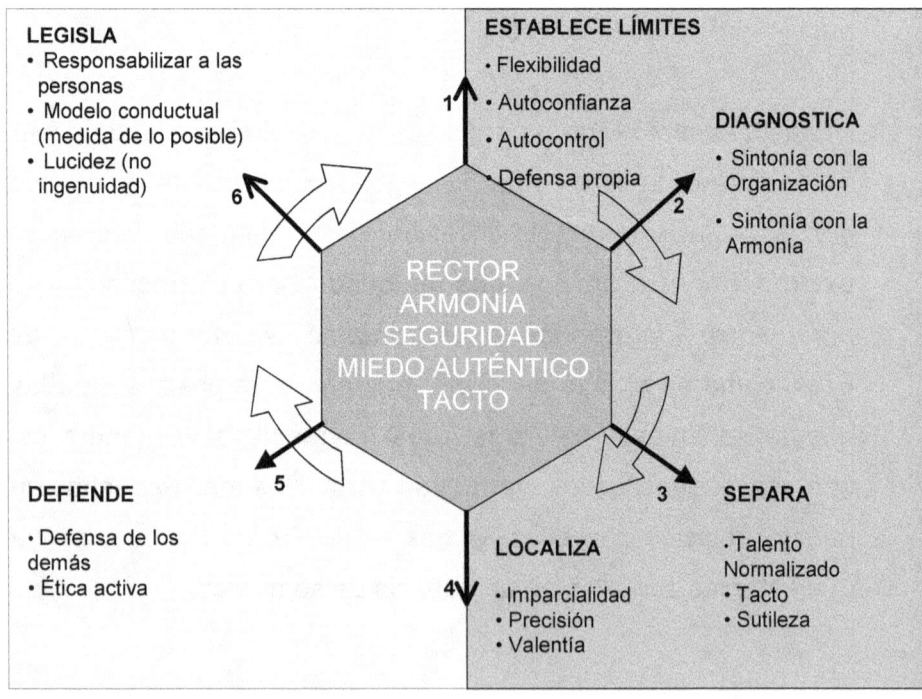

LEGISLA
- Responsabilizar a las personas
- Modelo conductual (medida de lo posible)
- Lucidez (no ingenuidad)

ESTABLECE LÍMITES
- Flexibilidad
- Autoconfianza
- Autocontrol
- Defensa propia

DIAGNOSTICA
- Sintonía con la Organización
- Sintonía con la Armonía

RECTOR
ARMONÍA
SEGURIDAD
MIEDO AUTÉNTICO
TACTO

DEFIENDE
- Defensa de los demás
- Ética activa

LOCALIZA
- Imparcialidad
- Precisión
- Valentía

SEPARA
- Talento Normalizado
- Tacto
- Sutileza

8

LAS CAPACIDADES POSIBILITADAS POR LA SEGURIDAD

Lunes 2 de Febrero del 2004:

Confieso, divertida, que me arreglé de manera especial ese lunes y que me di como pretexto que era porque nos habíamos citado en el pub inglés de Roberto. Todos silbaron al verme llegar, y, por una vez, en lugar de llegar la primera, hice mi entrada cuando ya todos estaban allí, a punto de pedir el café irlandés. Roberto tenía una barba incipiente, que le hacía muy sexy, y fumaba en pipa, otra novedad. Y yo me sonrojé al verlo acercarme, solícito, un sillón, como todo un caballero, en vez de su antiguo trato unisex e informal. Además, estaba elegante aunque sin envaramientos, como me gustaba a mí. En los ojos de mis amigos vi clarísimamente, un cartel que rezaba "¡aquí hay romance!". Y volví a sonrojarme y me senté sin mirar a

Roberto, como enfadada con él, mientras él se sonreía, sardónico.

- ¿Y entonces –dije, bruscamente en verdad,- qué tenías tan importante que comunicarnos para desplazarnos al otro extremo de la ciudad?

- Así me gustas palomita, agresiva como la gatita que adivino en ti en realidad –me contestó, sin que una sola chispa de alegría desapareciera de su mirada más azul que nunca-.

Cuando nos sirvieron nuestros cafés irlandeses, riquísimos en realidad, nuestro ponente del día arrancó sin hacerse rogar:
- Yo, como sabéis, soy periodista, y de los buenos –añadió con tono de burla, como para anticiparse a posibles descalificaciones de nuestra parte-, y lo que dijo Preciada el pasado lunes no cayó en oídos sordos. Ella habló de la relación enorme que había entre orgullo y miedo, entendiendo, como siempre en nuestro grupo, emociones auténticas, claro está. Y en realidad esta relación es absolutamente determinante, es, ¿cómo diría yo?, es una ley física, la de los vasos comunicantes: *a más orgullo real, menos miedo, y a más miedo real, menos orgullo*. Nadie como los miembros de mi familia, de mi perfil, para saberlo, para vivirlo en carne propia. Yo puedo hasta jurar que mi sensación de realización, de felicidad, de plenitud, y hasta diría yo, de

identidad, está en todo relacionada con esa ley, es vivida por mí en función de esa ley. ¿Y vosotros, amigos? ¿Qué me podéis decir con respecto a eso?

- Yo, desde luego, -manifestó Eva- sí, también, solo que en mi caso, no es tanto miedo lo que siento cuando me falta orgullo, si no rabia, rabia contra mí y contra el mundo, rabia contra los que hacen alarde del orgullo, y eso, es verdad, es envidia, envidia sana-.

- No hay envidias sanas - puntualizó, grave, Maite-, eso no existe, eso que llamas envidia sana es admiración, la envidia siempre es mala porque es vivida como un agravio comparativo, como si la superioridad del otro fuera algo que te hubieran quitado a ti, como si la genialidad del otro te convirtiera a ti en pigmeo mental y espiritual, esta envidia es el cáncer de España, esa envidia ha hecho de nosotros un pueblo con vocación de subdesarrollo, un pueblo que mata a sus genios, un pueblo abocado a la miseria espiritual y a la sublimación del hombre medio, del hombre gris, del que no se destaca. Yo siempre me sentí molesta y avergonzada por ese rasgo de carácter nuestro, a mí me parece que lo conveniente es admirar todo lo que nos supera, porque si no ¿de quién podríamos presumir? Mi problema no es falta de orgullo, que, como sabéis me sobra, mi problema es que sacralizo lo reconocido, lo que ya fue aceptado y consagrado por las universidades, por los museos, por las instituciones. Yo me pregunto cómo reaccionaría yo ante un genio si nadie lo hubiese reconocido, y me temo que, no muy bien.

- Di que sí mi querida Maite –dije yo- esa tendencia idolátrica tuya tiende a sacralizar únicamente lo reconocido, tiende a vedar el paso a los genios, a los transformadores, a los civilizadores en suma, a los que apuntan hacia el cambio, hacia el progreso, y eso será así mientras no asumas que el cambio es tu mayor fuente de alegría, que el cambio es el futuro radiante y cada vez superado, que el cambio es vida, y que eso es tu talento verdadero, pero, más que eso, el amor es, ya lo viste, lo que te realiza, lo que te otorga plenitud, y cerrar el paso a los grandes, solamente porque aún no los han consagrado, es condenar a la desesperación a los que son nuestro orgullo colectivo, es igual a decirles: "¡muérete ya, que yo te reconoceré, siempre y cuando dejes de moverte, de vivir!" Y sí, es lo que España hizo siempre con sus genios, es la tristísima verdad, y eso es desamor al estado puro. A mí me pasa lo contrario: yo detecto, ya sabéis, mi famoso don para el diagnóstico, la genialidad oculta, dormida, en cada persona, y más bien me paso. No espero a que lo que podría ser sea, no espero a que el otro haga esa obra que lo demuestre, pues no hay genio sin obra, es por nuestras obras que se nos puede calibrar, obras y acciones, pues no, yo voy y diagnostico un potencial, y apuesto por él, y hasta tiro de él, para que el otro se dé cuenta y apueste también por él, entonces va el otro, y si tiene miedo a asumir su orgullo, si teme que lo crucifiquen, va y me agrede a mí, mata al mensajero. No sabéis cuántos he ayudado, y hasta parido, pues es un parto sacar el ser real que alguien, y cuantas veces he recibido puñaladas y traiciones, y acusaciones sobre todo. Esa es mi mayor fuente de sufrimiento, y de miedo. Cada vez que veo algo grande en el otro, cada vez que apuesto por eso grande, cada vez que se lo enseño al otro, actuando como espejo de lo que puede llegar a ser, cada vez me espero a una puñalada. Si pudiera resolver ese problema, yo sería una mujer feliz, pero qué hago ¿callarme y dejar al otro sin futuro, sin trascendencia, sin contacto con su mejor ser?

- Lo que has de hacer, palomita, es llamarme a mí para que los descabece – se ofreció, sinceramente indignado, mi gatito- ¿habrase visto? No sólo condesciendes en detectar en las más profundas tinieblas, en la cobardía absoluta, la grandeza del otro, si no que para agradecértelo, van y te pegan. Yo de ti cerraría mi boquita y jamás desvelaría un tesoro escondido, para que aprendan a ser ingratos y cobardes.

- Esto casa mal con mi profesión, he de cambiar de profesión entonces –dije yo riendo, agradecida por la intención-.

Y ¿no será que el planeta entero es del perfil de mi familia? – apuntó Eva- porque lo que cuentas, para mi gran vergüenza, lo reconozco como tendencia en mí, yo si me dicen que soy lo que no tengo conciencia aún de ser, alguien grande, siento rabia contra aquél que me lo dice. No sé por qué.

- Y ¿no será, Eva –aventuró Eduardo- que justamente estás reprochándole a Preciada que ella te ame más y mejor de lo que tu núcleo familiar te amó, de lo que tu país te ama? Porque, vamos a ver, según entiendo, el orgullo es ser lo que se es, y lo que eres, siempre lo has sido, y ¿quién mejor que tus padres y abuelos y hermanos para saberlo? Supongamos que ellos, no sólo no te lo aplaudieron, si no que te atemorizaron y te envidiaron y te agredieron, entonces va Preciada y te reconoce lo que los que más se supondría que te aman te negaron, y entonces vas tú y como tienes miedo a ver eso, porque eso es muy horroroso, vas tú y matas al mensajero. ¿Pero palomita, tú no ves que eso que haces, en un mundo así como el nuestro, es suicida? A mí me recuerdas a Jesús, o a tu arquetipo, Orfeo. ¿A que no te contentas con señalarlo, a que te metes en el infierno una y otra vez para sacar al otro de sus pesadillas infantiles, de sus fobias, de sus maldiciones? A que sí.

- Sí – admití yo, y bajé la cabeza- bueno, pero no quiero que os ocupéis de mí, ya tengo una pista para ver lo que no debo hacer. Y creo que es lo que estoy haciendo con este grupo, dejo que cada uno vaya a su infierno solo, o, al menos, que todos lo acompañemos, no sólo yo.

- Y es por eso que no nos quieres decir gran cosa de tus descubrimientos, porque temes que te dañemos –apuntó Pedro-.

- Sí. Hablaré de última, ya os dije –juré yo, asustada por el análisis de Eduardo, del cual me sentí querida y protegida por vez primera, así que me levanté y lo besé en ambas mejillas- gracias Eduardo, no sabes lo mucho que me ayudaste.

- Y esto que ha pasado ante nuestros ojos u oídos es una demostración brillante de lo que vine hoy a manifestar: yo soy como un embajador de España, soy, pero no me atrevo a ser, soy un creador auténtico pero me da miedo, miedo a la burla, a la descalificación. Eva es una representante del planeta Tierra, así de jodido tiene el orgullo esta tierra, ya decía yo. Ahora entiendo mejor por qué tengo tanto miedo, ni emigrar se puede. Maite es la representante de lo establecido, que te quiere muerto si eres diferente, porque un muerto ya no se mueve, no cambia, no te inquieta, y además puedes clasificarlo y hablar por él, porque el pobre, ya no puede defenderse. Pedro representa a los pasmados de la tierra, porque infla tanto el miedo que no le queda demasiado orgullo con el que crear algo nuevo, y además, en un mundo así, si por descuido viera algo genial y creador en él, se asustaría tanto que se tragaría a sus creaciones. Cual Cronos. Y va nuestra palomita y ¡zas!, desconecta el miedo, afirma el orgullo, y da a todos la buena nueva, como su dios Jesús, y luego llora porque la han crucificado también, y es más, se pasma. Pues yo seré de ahora en adelante su caballero andante, cada vez que la dañen yo llego y descabezo al ingrato. No es broma palomita –aseguró al verme reír de buena gana- yo os descabezo, amigos, si tocáis un solo pelo de mi palomita.

- Gracias querido, gracias, pero mejor no transformes tu tristeza, pues es triste lo que me pasa, en rabia justiciera, porque en verdad te anuncio que tu genialidad es la tristeza –contesté yo muerta de risa y parafraseando al que siempre consideré maestro de maestros y rey de reyes-.

- La tristeza mi genialidad, ¿no el orgullo?

- No, el orgullo es más que eso, es tu vocación –sentencié-.

- El orgullo es mi vocación –repitió dócilmente Roberto, como para aprendérselo de memoria-.

- Pero ya os dije, -insistí yo- no quiero que hablemos de los otros cinco universos emocionales que faltan por explorar, sólo del miedo. En el caso del orgullo, y es así, sí, pero lo justo, ya no más, ya tocará ahondar en el orgullo, volvamos a nuestra emoción básica, el miedo. ¿Nos damos cuenta todos que cuanto más miedo, menos orgullo disponible queda? A mí, lo que me inquieta de lo que vimos hasta ahora, y Roberto, por favor, manifiesta tu sentir en esto, es que parecemos todos dar razón al mundo cuando nos presenta el orgullo como algo peligroso, cuando nos hace creer que nuestro miedo es auténtico, es lo que nos hace seguros en eso: renunciemos al orgullo y entonces estaremos seguros. Roberto ¡contesta!

- Seguros en un cementerio, eso sería nuestra seguridad última —reconoció Eva-.

- Yo preferiría morir antes que renunciar a ser alguien grande si es que eso está en mí —juró Maite-.

- Y yo castrado preferiría estar antes, y más ahora que mi palomita me diagnosticó de tal bella manera —aseguró vehemente Roberto-.

- Y yo muerta —aseguré-.

- No es para tanto pero sería una vida triste y sin objeto, seríamos como animales –admitió Pedro-.

- Yo siento que este tema es el tema central de mi vida, no sé por qué, pero me da un pavor poco usual en mí, admitiréis – manifestó Eduardo-, pero el hecho es que ni muerto renuncio, ni bajo tortura renuncio. Pero mucho me temo que cuando lleguemos a esa emoción me voy a llevar la sorpresa de vida. ¡Cuánto lamento haberos jurado no manipularos! porque si fuera por mí, con lo impaciente que soy, le armaría toda una estrategia de seducción a Preciada para que nos deje hablar tan sólo del orgullo. No, veo en vuestras reacciones que no, que mejor mantengo mi palabra y espero a cuando toque – bajó la cabeza modosamente, en un último intento de enternecernos- ¿qué dices Preciadita bella, ni un sólo diagnostiquito para mí?, no ¡bueno qué le vamos a hacer!

- Sigo entonces; podemos suscribir entonces que *vivir sin opción a ser es muerte en vida y que eso es causa no sólo de miedo, sino de terror* –sintetizó magistralmente nuestro Roberto con mirada fiera-. Y que ese miedo que nos impide el orgullo a ser, a crecer, es un falso miedo. Sí, podemos, -añadió al observar nuestro enérgico cabeceo-. Entonces, además de la interesantísima hipótesis de Eduardo, el que nos da miedo constatar que nos faltó amor real en la infancia, ¿cuáles son las otra causas verdaderas, no falsas, que nos dan tanto miedo a ser lo que en lo profundo, somos?

- Pues a estar solo, un genio está solo –dijo Pedro-.

- Cierto, pero a un genio no le interesa estar acompañado por el tropel de los corderos como yo, bueno, como yo mientras no asuma mi orgullo –puntualizó Eva ante mi mirada inquisitiva-.

- Pues ser rechazado, por incomprendido; un genio está siempre por delante de su tiempo –aseguró Maite-. Pero si me tocara serlo a mí, no me importaría, el ser más grande compensa con creces las mezquindades del entorno, además, así buscas a los tuyos, a los que son como tú, y eso, para mi natural elitismo, me conviene particularmente.

- Pues queda lo peor, como bien recordáis que me dice mi Sísifo, a mí, lo que más me aterra es enloquecer, tengo muy grabado que los genios son locos, qué queréis que os diga – admitió Eva-.

- Vamos a ver, Eva, si nuestro talento es precisamente el punto por el cual podríamos ser geniales, es decir, el miedo para mí, la tristeza para Roberto, la rabia para Pedro, el orgullo para ti, el amor para Eduardo y la alegría para Maite, qué sería estar loco, ¿aceptarlo y asumirlo o renunciar a ello y vivir de espaldas a nuestro ser real? Y ya que tengo la palabra y hablé de vocación real, es decir, el miedo para Eduardo, la tristeza para Pedro, la rabia para Eva, el orgullo para Roberto, el amor para Maite y la alegría para mí, que es más terrorífico, ¿nunca vivir en plenitud, con sentido de la vida, o asumir el orgullo de lo que cada uno de nosotros somos y derrumbar barreras sin temor? –pregunté muy excitada-.

- ¡Renunciar a ser lo que somos! -exclamaron todos, no sin temor y recelos en la voz, pero esto era un buen comienzo-.

- Así que, palomita, ¿las seis famosas emociones son el miedo, la tristeza, la rabia, el orgullo, al amor y la alegría? Y observé que la dijiste en ese orden preciso por dos veces ¿es un orden particularmente significativo? -preguntó Roberto-.

- Sí a tus dos preguntas –respondí sonrojándome por haber dejado escapar algo antes de tiempo-.

- ¿Eso significa que la alegría viene antes del miedo y que el miedo precede a la tristeza? -volvió a insistir Roberto-.

- No lo sé, es lo que veremos ahora. Si queréis. Y os pregunto: si hubiera una secuencia natural, una especie de pila energética perfecta, una batería acumuladora de energía –pregunté- ¿cuál creéis que sería la base y fundamento del miedo?

- Pues el orgullo, como ya dije –respondió Roberto- a ver, yo voy y pienso en un proyecto que quisiera realizar, entonces voy y siento miedo, entonces me paralizo, dudo de mí, me torturo. No, no sirve ¡si sabré yo de ese tormento! A ver si la tristeza: voy y estropeo algo, y me aterro, pues no, tampoco, eso sería ser como Pedro cada vez más culpable y paralizado. A ver la rabia: voy y denuncio un abuso, y voy y me aterro, no eso, además de ser como Eva, sería fatal, me haría esclavo sometido –y no dio por vista la mirada furiosa de Eva-. A ver con el amor: voy y me declaro a mi palomita y escapo a toda carrera ¡que papelón! La alegría entonces: voy y gano la lotería y me da miedo perder el boleto o decir por megafonía que soy millonario, eso me suena más.

- Yo veo otro aspecto más importante a favor de que *la alegría sea la base del miedo: sólo puedes temer a perder lo maravilloso*, lo más pleno, la alegría – reconoció Maite-.

- Y sólo puedes temer a perder la plenitud, si la has conocido, porque estar castrado, amputado, sin talento y sin vocación, no es vida, no merece temer perder eso, es al revés, orgullo de decidir reconquistarlo —dijo Pedro, con extraño brillo en los ojos, y fue a darle un beso larguísimo a Maite, quien se sonrojó y se sobresaltó antes de reírse y limpiar su mejilla, pulcramente-.

- Sí —añadió Eva- sólo hay que temer ¿la muerte en vida, lo llamaste, Preciada? ¡Qué bonito! Me suena a gloria bendita: **sólo hay que temer la muerte en vida** —repitió, mientras cabeceábamos a coro nuevamente-. O sea, la pérdida de nuestro talento o la renuncia a nuestra vocación. ¡Eso sí que me gusta! ¿Y tú porqué lloras Eduardo, qué te pasa?

- Lloro porque me doy cuenta de que creía engañarme y engañar al mundo con mi alegría pero que sin amor y sin seguridad la vida no es vida y no la quiero.

- Pues no tienes porqué llorar lo que decides no perder y reconquistar, siéntete orgullo solamente —apuntó Eva-.

- Y eso de que **el miedo es la base de la tristeza** —dijo Pedro- es precisamente lo que vimos al comienzo de estas reuniones: si no ves lo que debes temer y no te pones en seguridad, pues lo pierdes y sólo te quedan lamentaciones.

- Exactamente -añadió Roberto-, si no pones límites y dejas la puerta abierta a que penetren los peligros, te enfermas o pierdes, y sólo te quedará la tristeza de tener que buscar remedios contra esos estropicios. Es más fácil prevenir que curar, todo el mundo lo sabe. Si cierras la puerta al mal, no tendrás porqué buscar soluciones y remedios a las enfermedades físicas y síquicas que dejas penetrar en tí. Pero lo que me interesa más que todo en esta sesión de trabajo, y por eso comencé diciendo que soy periodista, es que listemos juntos la presencia del Rector, del miedo y del tacto, o sea, del sistema de seguridad de Maite, en la sociedad, en la civilización y sobre todo en el arte. Si este sistema, tal y como afirma Preciada, lo compartimos todos los humanos como patrimonio estructural consustancial al ser, pues debemos encontrar su manifestación en todo lo que hace a nuestra vida en sociedad ¿o no? Y yo, como periodista, desearía dar la noticia de su existencia al mundo.

- ¡Gatito! Eso sí que es una maravillosa idea –aplaudí yo-, y como médico social que soy, pues ¿qué es si no la dirección de procesos de cambio y el diagnóstico de organizaciones con su correspondiente tratamiento?, te puedo decir que el Rector, en la organización social, lo vemos materializarse en la normas, las leyes, en primerísimo lugar.

- ¡Claro! Cuando, por ejemplo, decretamos que hay que llegar a la oficina entre las 9:00 y las 9:30, y no a la hora que cada cual decida, es para evitar peligros, para que se pueda atender conjuntamente al servicio que presta la empresa, para garantizar un mínimo de orden – mostró Eva-.

- Y cuando el legislativo promulga un nuevo código civil o penal, es para evitar daños, para, también fijar sanciones contra los que ponen en peligro la integridad de la vida en sociedad –ilustró Maite-.

- En cuanto a mí –dijo Pedro-, ya os comenté mis descubrimientos en el campo de las enfermedades ligadas al miedo. Pero ahora me doy cuenta de que la medicina en su totalidad tiene como objetivo limitar los riesgos de muerte, prevenir enfermedades, diagnosticar cada día mejor y más tempranamente, prevenir, en suma, todo lo que, en el plano del cuerpo, amenace la vida.

- Y también -añadió Eduardo-, cito la defensa como institución tan antigua como existen hombres en la tierra, todo el sistema de defensa social, el ejército, los servicios de inteligencia, la seguridad en suma, forma desde siempre la primerísima manifestación de la civilización. Existen ejércitos desde los tiempos bíblicos, y sonadas batallas en verdad, y sí, el ejército sirve también para atacar, y eso, como bien dice Preciada, es rabia, no es miedo, pero sobre todo sirve para defender a una nación, para disuadir a los demás de ponerla en peligro, para garantizar su integridad.

- Yo adoro el sistema de defensa –revelé yo-, todos los sistemas de defensa, y lo que más amo, son los ejércitos, la organización del sistema de defensa militar. No me miréis tan pasmados ¿extraña revelación viniendo de una persona tan pacífica como yo, verdad? Pues no hay de qué extrañarse tanto. Yo sueño con reformar el sistema y la noción misma de organización de defensa militar en el mundo. Creo que el ejército del tercer milenio tendrá un papel clave, no como profesionales de la guerra, que también, claro, ¡estaría bueno no saber defender tu nación! si no como maestros de la paz, y, más que maestros, ángeles, ¿por qué no?

- ¿Y cómo sería ese ejército? –preguntó Pedro, muy interesado-.

- Sería dirigido por un Consejo Superior de Seguridad, compuesto de personas muy crecidas, especializadas en diagnósticos certeros de seres humanos y de organizaciones. Tendrían como primera misión, garantizar la seguridad real, no sólo militar y bélica. Seguridad real significa, para mí, que no se infiltren personas tóxicas en puestos de dirigentes de una sociedad, ya sea en cargos públicos relevantes, ya sea en listas de candidatos electorales, personas que podamos elegir para conducir nuestro destino. Imaginad que hubiese habido un Consejo así cuando Hitler aspiraba al poder, un Consejo con prestigio, respetado, y que hubiera hecho, de manera muy objetiva y profesional, un diagnóstico de Hitler como psicópata Usurpador, que es lo que era. Esa sería su primera misión, evitar desastres, y, también, recomendar a los mejores, ya que los mejores no buscan el poder ni el protagonismo. Y luego profesionalizar el ejército a la vez que entrenar a toda la sociedad civil a que sepa defenderse y organizarse en caso de peligro, sea cual sea ese peligro, natural, militar, o político. Y luego dirigir toda la función de seguridad tanto en lo militar como en lo policial. Y, claro, lo mejor sería que, al menos durante el tiempo, yo calculo que dos siglos, en que haya peligro de dictaduras y de golpes, no haya militares en ese Consejo, tan sólo personas muy crecidas y responsables, grandes personas que sean, también, grandes profesionales de la seguridad, o sea, de la paz.

- El mundo sería más bonito dirigido por nuestra directora de procesos de cambio —apuntó Roberto- ¿cuándo te presentas al parlamento, palomita? Es para, como caballero andante tuyo, cabalgar a tu diestra.

- Nunca. Yo, con participar en nuestras sesiones semanales y hacer mis consultorías, estoy más que servida, pero todos podemos soñar con un mañana mejor, ¿no? –respondí tranquilamente-.

- Y bueno, en cuanto al arte, vayamos por partes, busquemos sistemáticamente, por géneros artísticos, empecemos por la literatura, por el Rector en literatura –propuso Roberto-.

- ¿Te refieres a contenidos o a géneros? –puntualizó Maite-.

- Pongamos que los dos. Por ejemplo, el Quijote es un paradigma en el Rector. Él ilustraba lo caballeroso, lo noble, el hidalgo, el honor, y una visión idealista del orden. O sea que era como Maite, pero con barba y caballo –rió Roberto-.

- Como género yo veo tan sólo el diario –dijo Pedro- porque estás a solas contigo, porque exploras dentro de ti, porque tomas distancia con los demás, porque te diagnosticas y diagnosticas en suma, porque hablas en primera persona.

- Sí, en literatura ya me vale. Ahora en música.

- Como compositor del miedo –dijo Eva- yo destacaría a Benjamin Britten, a Bruckner y a Prokofiev. El primero plasma el miedo de manera absolutamente genial, acordaos de "Otra vuelta de tuerca" o de la ópera sobre el diluvio de Noé. Son obras magistrales; para mí, nadie plasma la naturaleza y los matices del miedo como él. Eso en cuanto al miedo como lo siente Pedro, es el Pedro de la música. En cuanto a la otra manera de sentirlo, como vocación, a lo Eduardo, está Prokofiev, con sus pasos de lobo, con sus fantasías de brujas y magias, con su excitación y terror a la vez frente al miedo. Y a modo de talento, como Preciada, sería la séptima sinfonía de Bruckner, en la relación de los vasos comunicantes entre el orgullo y el miedo.

- Sí, y como género, otra vez yo veo al solo, un solo de piano, de violín, o mejor que todo, de flauta –apuntó Pedro-.

- ¿Y en arquitectura? –preguntó Roberto-.

- ¡Ah, eso es lo mío! –lanzó Maite- yo digo que, sin duda alguna, el estilo gótico. Es como ley hecha piedra, es grandioso, es, a la vez, edificar el orden en orden, y hacer, como monumento a la gloria de Dios, retroceder los límites hasta lo máximo alcanzable. Es en el arte gótico donde mayormente se ve esa relación orgullo –miedo: yo doy fe de ti, Señor, y construyo tu orden, y me someto a ti.

- ¿Entonces también los rascacielos van en esa línea? ¿no? – dio Roberto.

- No, eso es manifestación del orgullo creador, el de afirmarse – contestó Maite- ¡vale Preciada, no hablemos más que de miedo!

- Que no, Pedro, sólo el gótico vale plenamente en eso.

- ¿Y en religión? Supongo que el Judaísmo, dijo Roberto- allí todo es ley, límites, prohibiciones.

- No Roberto, el Judaísmo es mucho más orgullo que miedo, la prueba es la cantidad de genios judíos que se llevan los premios Nobel cada año. Yo diría que el primer capítulo del Génesis: allí sí, es el orden, las leyes de la creación y los límites que Dios pone a Adán y a Eva, y cómo, cuando éstos no acatan, la propia ley obliga a Dios a expulsarlos del paraíso y fijar las sanciones – aportó Eduardo--.

- Estoy de acuerdo con Eduardo –dije-.

- Pues me vale. En lo que a mí hace, terminé mi materia por hoy. Cada cosa que descubrimos merecería una prolongada tertulia, pero nuestro propósito, si mal no entendí, en este grupo, es más, por ahora, hacer un inventario de las riquezas inauditas que poseemos que agotar cada materia. Os invito a otra ronda y nos vamos a dormir, ya que, desde que soy más yo, ya no me enloquece, como antes, trasnochar haciendo rondas de bar en bar, cual artista de la Bohème. Creo que un más alto destino me solicita –concluyó, enigmáticamente-.

9

FAMILIAS DEL MUNDO

Lunes 9 de Febrero del 2004:

Es extraño ¿o tal vez no?, pero antes de comenzar este grupo, yo escribía mi diario con regularidad. Me refiero al relato de mis vivencias personales. Pero, desde que empezamos a reunirnos cada lunes, ya consigno tan sólo los resultados de nuestras sesiones. Y no, no es extraño. Es tan sólo la prueba de que ya no me siento sola, de que hay más personas que buscan, conmigo, más verdades sobre la verdad de lo humano y sobre su estatura. Ya no me siento sola. Hoy le tocará a Eduardo de nuevo. Y me gusta mucho que sea así. Intentaremos definir, cernir, las familias, los seis tipos de familias que conformamos el planeta tierra.

Y Eduardo no llegó primero; al revés, hizo su "entrée" cuando ya todos estábamos instalados en el bar de un conocido restaurante italiano del barrio de Salamanca.

- Yo encontré cosas curiosísimas —arrancó Eduardo que venía más elegante y llamativo que nunca-.

- Déjanos primero inspeccionarte y familiarizarnos con tu look - rogó Eva, muy admirativa- ¡vaya rizos en tus ensortijados cabellos, vaya chaqueta de terciopelo, floreado, y sin embargo varonil, y vaya camisa romántica, con jubón, que trae hoy Eduardo, y lila, para más Inri! ¿A quién quieres deslumbrar hoy amiguito?

- A ti, mi bella y pura dama, tan sólo a ti —aseguró Eduardo, muy halagado, besándole la mano-.

- ¿Y bien? —le apuró Roberto, mordisqueando un fino colín italiano- ¿Qué cosas interesantes, perdón, "curiosas", descubriste sobre nosotros? ¿somos la raza humana en su totalidad o tan sólo la muestra de parte de ella?

- Pues ante todo, pido un aplauso para Preciada, porque su diagnóstico de nosotros, como miembros de este grupo investigador, fue genial —exclamó Eduardo, mientras yo retenía, con un gesto, el impulso a aplaudirme de mis amigos-. Creo que somos bien los que somos y estamos todos.

- Bueno, el diagnóstico es lo mío, y éste es parte de la función de seguridad. De eso se trataba. Yo, en mis muchos años de consultoría, observé que existen seis tipos de personas, con múltiples variantes, y que éstas no se distinguían por razas ni colores sino por patrones de ingeniería de funcionamiento emocional. Y como ya era hora de verificarlo en la práctica, pues se me ocurrió que nos reunamos alrededor del tema de la seguridad y de su energía innata, el miedo, que es una de las seis facetas de lo humano —confesé-, y la más sencilla. ¿Qué noticias nos traes, Eduardo? Y te felicito por lo hermoso y sexy que estás, como siempre, por otra parte. Estamos todos maravillosos, por lo demás, vestidos de lila, violeta, morado. ¿os dais cuenta de que nos sentimos más seguros vestidos así? ¿Aún no? Bien, ya me diréis al final.

- Gracias, preciosa, ¡ojazos!, -dijo nuestra estrella de hoy a mi intención-. Pues lo que os traigo es la buena nueva, la revelación de un mundo que puede verdaderamente lograr la paz y la felicidad, ya que, si representamos en verdad todas las familias humanas, hemos demostrado que, no sólo el diálogo es posible, sino que, juntos, con tan sólo buena fe y sinceridad, podemos crecer como jamás antes hubiéramos soñado hacerlo solos, creyéndonos bichos raros, personas que los demás jamás entenderían ni aceptarían plenamente.

- ¿Y estáis seguros de que eso es así? Yo sí que me sentiría feliz si pudiera estar seguro de que la sexta parte de la humanidad fuera como yo, más allá de fronteras, de colores, de credos, de momentos históricos también. ¡Qué felicidad saberme acompañado por dentro!, ¡qué felicidad saber que mis sufrimientos son compartidos por la sexta parte de los hombres, mujeres y niños!, si es que se revelara que esa manera de ser es innata, o aprendida, ¡me da igual! ¡Yo montaría una ONG ahora mismo; "Pedros unidos" la llamaría! –sentenció Pedro-.

- Pues sí mi querido amigo, parece que para ti y para mí el mundo podría, tal vez, dejar de ser una jungla y convertirse en un dulce lugar seguro –prometió Eduardo-.

- ¡Un dulce lugar seguro!... –repitió Pedro como en trance, embelesado, y calló para saborear más esas palabras-.

- Empecemos por el comienzo –propuso Eduardo-, hagamos una síntesis de nuestras posiciones y descubrimientos. Me ofrezco para comenzar: yo no creía en el miedo, ni, mucho menos, en la seguridad. Eso era para fracasados, para débiles, y yo era listo y fuerte, y hábil y astuto, porque, sin ilusiones, me buscaba la vida, triunfaba según los criterios sociales más admitidos: *yo no ERA nada pero lo TENÍA todo.* Esa podía ser mi frase sobre la lápida que era mi vida, mi epitafio. Y mi actitud ante la sociedad era la de vender esa idea, la de convencer a los demás de hacerla suya, con la promesa de llegar a tener éxito. Y hasta tenía a mi Dios, Mercurio, que desde esa perspectiva mía, era también el mejor, el más listo, el más joven y mimado, el más temido también, porque resultaba molesto pero indispensable.

- Indispensable para sostener el pacto perverso que manteníamos entre todos –puntualicé yo-.

- Exacto, ojazos, exacto. Pacto, es importante el concepto, y perverso, aún más importante en verdad, ya que esos dioses sólo tienen como misión sobornarnos para que juntos, neguemos a Dios y lo exilemos de su propia creación.

- Como sus usurpadores, nosotros, los patéticos diosecillos aterrados de no estar compinchados contra él, como buenos corporativistas que somos –apuntó Roberto-.

- Exacto y más perfectamente aún enunciado –admitió Maite- pero sigue Eduardo, yo propongo que agotemos las familias una por una. Y aprovecho que tengo la palabra para invitaros a decir a Eduardo cómo lo veíamos todos y cada uno de nosotros. Yo, Eduardo, te veía como a un niño mimado, muy pequeño, como a un bebé con síndrome de Peter Pan, que no quería crecer, a quien le daba terror crecer, el anti yo en suma, te veía infantil en tus caprichos, en tu manera de querer siempre ser complacido, en tus artimañas para embaucarnos, prometer y trampear, en eso eras una pesadilla para mí, pues con mi convicción de ser la sostenedora del orden, contener tus trampas era una misión que me caía encima y que me negaba los pocos momentos de relajación y de alegría que podía otorgarme. Lo que más me enfurecía era que para que tú puedas conservar esa alegría cargante, por continua, maníaca, yo tenía que renunciar a la mía y remplazarla por el trabajo, la tristeza de poner límites constantes para que no abuses ni nos manipules. Eso en lo malo. En lo bueno, que no sé si lo es, en el pacto, en el compincheo como dice Roberto, me hacías gracia, me parecía prodigioso que pudieras estar siempre alegre, y también me daba perfectamente cuenta de que el mundo, la sociedad, al menos la que nos montamos, te necesitaba para animar, vender, promover, entusiasmar, tirar de nosotros en suma. Y es allí, cuando te veía tirar de nosotros, cuando me caías bien, porque entonces eras igual que yo: yo sostenía el peso del mundo, y tú tirabas de él, luego eras útil, con más mérito, porque con la sonrisa siempre colgada, encima.

- ¡Qué barbaridad! Maite no nos dejó nada que decirte –exclamó Eva-. Bueno, es envidia veo, te felicito Maite y admiro tu maravillosa descripción. Yo añadiría que, para mí, eras sujeto número uno de envidia y de orgullo. Me explico: de envidia porque eras lo opuesto absoluto a mí, no dabas palo al agua, porque hasta cuando trabajabas era en comidas y en fiestas, cuando podías mejor alegrar y seducir, mientras yo me reventaba. Y orgullo porque conseguías el doble que yo y eras un modelo, y también y sobre todo, porque me sentía útil que es lo que más me gusta en el mundo. Útil, porque eras incapaz de realizar tus ideas y elucubraciones sin mí, o sea que éramos un equipo, tú creabas ilusión y yo la construía, la convertía en realidad. Pero no podía amarte porque no había verdad ni seguridad en esa relación: algo en mí sabía que yo era también una creadora, y que la rabia era en definitiva lo que más sentía hacia ti.

- Y yo, dijo Pedro, te veía con horror y con fascinación. Horror porque eras lo contrario de mí. Para mí eras un profanador, un violador y un invasor, además de un grotesco, porque tanto ruido y fuegos artificiales para luego ser un payaso aterrado si no conseguías aprobación... Y fascinación, porque me mostrabas que mi miedo era grotesco, lamentable y cobarde: también veías al mundo como una jungla, como yo, pero me mostrabas que no había que esconderse sino que ponerse en el mero centro y que no morías fulminado y dinamitado por ello.

- Y yo —dijo Roberto- te confieso que tu simple existencia era para mí causa de desprecio del mundo, de ganas de dinamitarlo, de resentimiento absoluto, yo te veía como al estafador, como a la picaresca encarnada, como al anti hombre pero que me demostraba que no podía confiar en lo que más me importa, las mujeres, a las que veía como a hembras imbéciles y en celo haciendo gorjeos contigo y riéndote las gracias. ¿Envidia me dirás, ya veo tu cara Eva? Pues no, envidia no, pero si una tristeza que me daba ganas de pegarme un tiro y tirar la toalla, y lo que es peor, decidir que era Dios el cabrón mayor, el padre que me daba a mí todo lo que en verdad era digno de suscitar amor, para luego fabricar mujeres que te elegían a ti y me dejaban de mirar a mí como hombre. ¿Celos me dirás, Eduardo, pues yo veo ese triunfo en tus pupilas? Pues no, grotesco enano saltarín, bufón patético y perro faldero de tu mami, maricón en suma, celos no, asco de las hembras y de su creador, eso sí, y yo, al exilio voluntario, que era lo reservado para gigantes ignorados y ninguneados como yo.

- Oye Gatito, ¿y quién te dijo a ti – dije yo- que las mujeres preferimos a Eduardo sobre tí? A mí, por favor, no me trates de hembra, porque si Eduardo permite que lo ofendas, yo no, yo prefiero a los hombres como tú, pero sí veo a Eduardo como a un niño, y siento ternura y ganas de jugar con él. Pero no lo puedo tomar en serio como mujer.

- ¡Yo tampoco -dijo Maite-!

- ¡Ni yo si fuéramos mujeres! –dijeron a coro Pedro y el mismísimo Eduardo-.

- Qué no????? – y la cara de Roberto fue un poema de perplejidad.

- Yo sí –anunció Eva- un hombre y el mejor.

- A mí tú me das igual, eres unisex -dijo Roberto muy alterado- ¡joder amigos!, ¡yo sí que tenía el orgullo hecho polvo! ¿me podéis jurar que no bromeáis conmigo? Mirad que este orgulloso os lo pide por caridad, ¿preferirías a un hombre como yo a un macho varón como Eduardo?

- ¡Pero si Eduardo no es un hombre, es un niño! –dijimos todos a coro, menos Eva que parecía enfadarse mucho-.

- ¡Y ahora dirás que Eduardo compite y tú no! –denunció Eva- habría que ver quien se está comparando y ofendiendo...

- No Eva, -intervino el propio Eduardo- yo te agradezco que me veas como hombre, pero no es Roberto el que compite, fue su denuncia a mí, quien armó toda su vida en competir contra los de su familia, porque confieso públicamente que tenía esa manía: competir con quien más amo y admiro, o sea tú, Roberto, a quien doy toda la razón sobre todo lo que dijiste.

- ¡Arrea! Como que hoy va ser el día más grande de mi vida. Mirad, yo, con tal de saber que Maite y no digamos mi palomita me consideran, también, hombre, tengo ya mis noches plagadas de dulces sueños y mi reconciliación total con el mundo –juró Roberto-. Y te pido perdón, Eduardo, por esa rabia destemplada en vez de tristeza negra, que es la que arrastré toda mi vida.

- Pero Roberto ¿de verdad dudabas de lo obvio? ¿de verdad tenías ese sufrimiento atroz dentro de ti? ¿cómo has podido ser tan tonto? –susurré con grandes lagrimones chorreando de mis mejillas-.

- Pues sí, palomita, y no llores por mí porque me siento culpable.

- Pues ya que me queda decir a mí cómo veía a Eduardo –dije sorbiendo las lágrimas y sonriendo-, diré que con ternura y horror. Ternura por el niño inseguro y valiente, muy valiente, que veo en él. Y horror, porque teniendo un corazón así de grande – y estiré los brazos-, se vendía, se prostituía por un plato de lentejas. Yo siempre vi a esa familia como a los que vendieron su derecho de primogenitura por un plato de lentejas. Porque en ellos duerme un gigante con corazón gigante desbordante de amor. Un gigante y un profeta, lo que, para mí, es lo más grande. Y son más valientes que cualquiera de nosotros, más que mí incluso, porque no se hacen ilusiones sobre el mundo ni sobre sí mismos y sin embargo se tragan sus miserias a solas y ofrecen su mejor cara, su más animosa cara, porque lo que soy yo, jamás me tragué lo de la alegría auténtica de Eduardo. Creo que es el más triste y depresivo de todos nosotros, pero que lo esconde por miedo a ser rechazado, es como la canción del payaso de Leoncavallo.

- Preciada, Preciada....- dijo Eduardo regañándome tiernamente con el dedo en alto- a ti nadie te autorizó a ponerme en cueros. Y sí, es cierto, he de confesaros que no soy alegre, ni optimista, que soy bastante nihilista, pues en una jungla sin amor y con menos seguridad aún, la verdad es que no me gusta ni me motiva vivir. Lo confieso.

- Pero ya te dije, y lo viste, que tu amor es tu talento y la seguridad tu vocación –protesté yo-.

- Tú sí, palomita, pero mientras los demás no me lo juren y me lo demuestren yo no voy creerlos, mira que de mentir y prometer para luego no cumplir conozco un buen trecho.... –sentenció Eduardo-. Pero me podéis mentir, es ley de jungla, sobre todo, salvo sobre vuestra promesa de tolerarme con mi miedo cerval a ser rechazado y no amado, este niño os lo pide también por caridad.

- Total que, feliz, seguro y realizado en esta vida no estás ¿cierto? –aventuró Pedro.

- Cierto –confirmó Eduardo- y lo mejor de todo es que ahora sí que tengo esperanzas fundamentadas de serlo, gracias a todos vosotros, y más si puedo ayudar a la sexta parte del mundo si es que es como yo. Y lo es.

- ¿Seguro? –insistió de nuevo Pedro-.

- Seguro, yo hice durante todo este periodo, encuestas profundas y con todas las trampas posibles, ya me conocéis, para que no me mientan, como hacerles hablar también borrachos, por ejemplo, a todas las personas de mi perfil que conozco. Y en todas vi lo mismo: primero, esa alegría falsa y maníaca como cortina de humo tras la cual ocultarse, luego, celos, es decir rabia en vez de amor, nostalgia por el amor, pues todos creemos que amamos más que los demás pero que somos más inteligentes y como sabemos que nos van a dar calabazas, pues hacemos el jueguecito del despecho, del zorro de las uvas verdes, y rechazamos para no serlo, rechazados digo, y perder la cara. Luego esa ausencia de miedo total, esa temeridad que es en realidad una manera de suicidarse como otra cualquiera y terminar así con este calvario, dejando al menos un recuerdo de juventud y de seducción imborrable, una estela inmortal, triste consuelo en verdad. ¿Cómo ser feliz y alegre con una visión así del mundo?

- Pasmados nos dejas –dijo Eva- no lo hubiera sospechado nunca. Otra vez, Preciada, bravo por tu diagnóstico. Para mí fue muy importante oírte Eduardo, pues confirmo con orgullo pleno esta vez, que eres más mi tipo de hombre, hombre total y no niño, y más que nunca, porque sensible –y se ruborizó cuando Eduardo le beso, con ternura, la mano, y la conservó en la suya-
.

- Yo siempre llamé a tu familia los Promotores –aventuré yo- ¿te gusta el nombre, Eduardo?

- Demasiado para mí, pero con gusto lo acepto en nombre de mi tribu –dijo nuestro Promotor, bautizado-.

- Si queréis, vamos ahora conmigo –propuso Eva, y todos cabeceamos-. Yo, lo primero que puedo decir es que las más veces, no tengo un yo, me pierdo, tengo la vivencia de ser más una cosa que una persona. La tristeza, la rutina, el "deber hacer siempre más de lo requerido", sí, la hormiguita afanosa y diligente, borran el yo. Pero, para compensar, en un 30% de mi tiempo, caigo en una soberbia prácticamente hitleriana, me creo el único dios posible de los humanos, me creo por encima de todos, del bien y del mal, sobre todo. Y no sé cuándo estoy más enferma, si en el primer caso o en el segundo, pues ambos casos los vivo mal.

- Yo creo que en el segundo caso estás más pirada, amiguita, sin dudas –sentenció Roberto-.

- Creo que sí, que tienes razón, y es más, yo sospecho que me lanzo en mi primera fórmula, la hormiguita perfeccionista y hacendosa, para no ver que mi verdadera naturaleza es esa soberbia, ese monstruoso orgullo que veo en un filósofo con el cual me identifico completamente: Nietzsche y su hombre superior, el Super hombre. Por eso me veo profundamente Nazi. No podéis imaginar la imagen de mí que tengo en esos momentos. Me creo la única por encima de Dios, a quien desprecio por completo porque si tuviera yo sus medios ya me oiría la gente. Cuando veo los horrores del nazismo, el mito de la superioridad del ario, la pureza de raza, ese imperialismo escalofriante, y, sobre todo el desprecio por las razas inferiores, o sea, las cinco familias que representáis todos, yo, de verdad, prefiero verme en mi primer rol, el de la hormiguita hacendosa, pulcra, y súper democrática, la que considera que los demás están más dotados que ella y que a ella le corresponde servir. –y un gran silencio planeo sobre nuestras melenas, un silencio denso, un silencio de miedo a Eva-.

- No, Eva querida, -dije yo apresuradamente, para reunificar al grupo a su alrededor-, lo que pasa es que estás describiendo las dos caras de una misma moneda. En efecto, si renuncias a tu orgullo, a la única emoción que nos diferencia de los animales, a la única emoción que nos hace diferentes, únicos, a la única energía que nos hace potentes y creadores, transformadores, es lógico que esa emoción luego te pida cuentas y se te dispare monstruosamente, lo cual tiene el efecto de asustarte más y de hacerte decidir aparcarla, por mala, por peligrosa. Tú, si dejaras de someterte a Sísifo, encontrarías tu orgullo precioso, creador, puro, y serías un genio.

- Menos mal que tenemos a mi gatita para hacernos maravillosos vistos en el espejo de sus ojazos verdes –aseguró Roberto, besándome en las dos mejillas- ¿a que es entrañable? Ingenua pero entrañable.

- Ahora no estamos hablando de mí, sino de Eva –dije, tranquila- ¿por qué no nos cuentas algo de cómo vives la rabia, que, lo hemos visto, es lo que te realiza más?

- ¿La rabia? ¿Qué rabia? Eso está prohibido para mí. Cuando hay una injusticia, soy la primera en conformarme y en justificarla. Si no hay mayoría de votos en contra, yo defiendo la situación injusta, porque creo que, en el fondo, **nada puede cambiar**, que los que tienen el poder se corrompen y se quieren mantener en él, y, para eso, no hay más remedio que aplastar a los demás, son las reglas del juego. El más fuerte se traga al débil. Y yo me busqué un lugar seguro en esa guerra. Yo soy neutral, como Suiza, y tan útil y trabajadora que, gane quien gane, siempre habrá necesidad de mí. Nunca seré la protagonista, pero sí tendré mi lugar en el mundo. Pero, por supuesto, así me desprecio. No soy feliz. Y tengo siempre miedo, pánico a dos cosas: a volverme loca si cedo al impulso de hacer cambiar las cosas, o a dejar de ser útil, perfecta, indispensable, por dejadez, por falta de perfeccionismo, y que me desechen como a un viejo limón estrujado. Por eso mi compulsión al orden, a la limpieza, a estar informada, sobre informada en mi sector de especialización, en ingeniería de puentes y caminos. Para que me dejen sostener al menos la parte mecánica de la vida.

- Yo me suicidaría con una vida así –juró Pedro- aunque he de confesar que en el fondo, salvo que al revés, me identifico en lo hondo contigo. Pero no voy a hablar de mí, sino de cómo te veo. Te veo como a un mono algo loco, la verdad. No, no te ofendas porque yo veo a todos los seres humanos locos. Cada loco con su tema, eso sí. Y tu tema es el agite. Tanto correr todo el tiempo para limpiar lo que, mañana mismo, hoy mismo, se volverá a ensuciar. ¿Y quién limpiará entonces, me dirás, rabiosa? pues todos, por turno, porque hacer trabajo de mantenimiento subalterno es un coñazo. Te veo loca porque a ti te excita, te gusta, te relaja. Luego te veo demasiado obsesionada con los datos, eres un agobio cuando se te hace una pregunta. Sueltas unos rollos de media hora, y yo que necesito dos o tres pinceladas para poder soñar, imaginar, me cortas el rollo, ya no hay cabida para la imaginación. Y otra cosa, me deprimes, con tanto dato y dato, porque después de oírte parecería que nada tiene magia, nada tiene misterio. Eres como un cazador de mariposas: las matas, las clavas y las describes con precisión maníaca, con clasificaciones y apelativos en latín, pero ya el sueño de la mariposa murió. Y yo me deprimo pensando en mi propia muerte, imaginando que vosotros, con quien más sentido de pertenencia tengo, me describiréis así, como a la mariposa clavada y muerta y encerrada en una vitrina de una caja de coleccionista. Y, para terminar con el coleccionismo, veo que ambos somos así, coleccionistas, pero tú de objetos muertos y yo de sensaciones. No se pueden cazar las dos cosas.

- Y yo –dijo Maite- te veo muy bien, muy necesaria, muy útil, muy admirable también por tu madurez, por tu vocación de servicio, por tu espíritu de sacrificio. Ordenada, pulcra, discreta, pero también comparto con Pedro una cosa, me siento sin vida y deprimida cuando imagino un mundo con nosotras dos solas. Todo sería sacrificio y deberes, se borraría la vida, el movimiento, la sorpresa, la excitación, o sea, y no es nada contra ti, es contra mí, me devuelves la imagen de mi yo resignado, asumido, pero del yo que detesto, que me pesa. Y entonces paso al extremo opuesto, nos veo a ambas como a las dos únicas víctimas del sistema y a los demás como a parásitos aprovechados, y entonces me odio a mí misma, porque me descubro dictadora, castradora, enemiga a muerte de lo vivo y de la vida.

- Y yo –dijo Roberto- siento pena por ti, por todo lo que te han dicho ya, y veo que estás a punto de romper a llorar, Eva. Y, ya sabes, mi fibra de caballero andante me puede. Así que empezaré por lo bueno. Admiro tu capacidad de analizar y de trabajar, es algo que yo quisiera tener y que no tengo. Analizas todo, e incansablemente. Eres inteligente, muy inteligente. Y sutil también, hay una gran humildad que me parece preciosa, porque yo tengo arrebatos de altanería grotescos y tú no, vas a velocidad de crucero en lo que toca al análisis, a la inteligencia, a la capacidad de pensar, y veo por los cabeceos de Pedro que también admira eso en ti. Y también admiro mucho tu volcamiento al trabajo. Yo que soy como un gato perezoso, no puedo sino admirar sinceramente tu dedicación, tu talante infatigable. Pero lo que más me gusta de ti es tu amor. Sí, tú amas al mundo y te sientes parte de él, no estás enfadada con el mundo como lo estoy yo, y, sin embargo, te trata peor que a mí, así que por allí también justamente, te odio. Te odio porque das el mal ejemplo y me saboteas mi vocación justiciera. Yo estimo que el mundo se merece que lo manden al diablo y tú vienes y te conviertes en su esclava adoradora. Una esclava; es así como te veo, y, para más Inri, una esclava a quien le gusta la esclavitud, que defiende a sus amos y te dispara tiros cuando la vienes a liberar, y que, encima te ve como a un adorno, inútil e irresponsable.

- Pues yo, mi queridísima Eva –susurré- te veo como a una heroína y como a una cachonda. Yo creo que eres una gran maestra de la cual aprendo a cada rato. Y te diré por qué. Eres una heroína porque no alardeas, no exiges para ti las cosas más exaltantes, sino las más humildes, las que los demás no queremos. Y te veo tan contenta y entregada a ellas que descubro que somos todos ciegos. Tú ves a Dios y a su creación en todo, no sólo en lo extraordinario, y lo sirves. No entiendo cómo puedes no ver que tu orgullo es genial, que no necesitas hacer obras trascendentes para trascender cada día, porque te vuelcas en las cosas más humildes, viéndolas como son en realidad, importantes y grandiosas. Con eso nos muestras a todos que somos inseguros con nuestro orgullo, que soñamos con ser dioses, cuando lo glorioso es justamente ser humano, ser sensible y garantizar que la vida siga, que se desarrolle de a poquito y sin traumas, y por eso veo que tu inteligencia viene del corazón y no de la cabeza. Y eres una cachonda porque nos redimensionas a todos, porque tu rabia es una maravilla, porque frente a la mentira, a lo falso, tú, con tu impasibilidad, nos dices: "Soy inteligente y veo que esto ya está casi muerto, pero os dejo encontrar algo mejor mientras yo mantengo lo poco vivo, vivo, yo no me presto a destruir primero, y a ver qué hago después, no, eso me parece que es indigno de la grandeza del ser humano. Y también eres una cachonda porque, mientras nosotros hacemos grandes alharacas buscando caminos y creaciones inauditas, tú sigues cual hormiguita con lo viejo, con lo que ya hubiéramos tirado, y vas y creas un nuevo modo de revitalizarlo, de utilizarlo de otra manera, creas un nuevo objeto del viejo, reciclas. Con lo cual eres la más futurista, porque no hay desechos, sino sacar vida de lo casi muerto. Tú me haces creer en la inmortalidad, Eva. Porque me la muestras a cada rato. Tú eres inmortal, no necesitas probarlo con cuadros geniales ni con sinfonías patéticas. Tú me das lecciones y me enraízas en esta vida, en este mundo al que amo y me entrego, justamente porque ha optado por ser como tú. Y concluyo – me apresuré en añadir viendo que lloraba de emoción y que todos me miraban estupefactos – Tal y como no creo en la alegría de Eduardo, no creo en absoluto en tu tristeza, Eva. Yo veo en esa tristeza orgullo del verdadero y mucha rabia de verdad. Orgullo por lo creadora que eres hasta con lo inservible, y rabia porque no te valoramos, así que nos dices con tu aparente humildad, en la cual tampoco creo, de paso: "Pues ya que no sabéis verme ni aceptarme como soy, no os comunicaré el secreto que me hace reactivar el mundo y reactivarlo desde lo más pequeño, os dejaré correr afuera para buscar lo que tenéis adentro. Pero como soy justa y nada rencorosa, os lo cuidaré hasta que volváis".

- ¡Joder palomita! Casi me haces llorar a mí también... ¡Qué manera de diagnosticar lo que nadie ve! Y sí, ahora que lo dices, yo, y todos ¿no? –y todos dijeron que sí a Roberto, con la cabeza y con un silencio enorme, sobre todo- la veo igual que tú. Te pido perdón Eva, mi querida Eva, perdón en nombre de todos esos torpes que sólo ven con lupa porque son miopes. Y sí, es cachonda, de veras, ella lleva gafas y resulta que los miopes somos nosotros. Y, como pequé, hago acto de constricción hablando ahora de mí. Yo, ¿qué queréis que os diga?, soy lo contrario de Eva, yo voy de genio ignorado y envidiado por la vida. Cuando Preciada hable de mí seguro que me pone a parir y me deja en nada. Pero como hablamos a calzón quitado, pues os cuento mi verdad: yo soy yo. Y soy diferente a todos porque vengo de otro mundo mejor que éste, y todos se dan cuenta de que soy marciano, por más que disimule y van a por mí. Yo soy un creador, pero no escribo mis creaciones para no dar mermelada a los cerdos, vosotros, que me van a envidiar y destrozar. Y no soy nada heroico en eso, me lo guardo, no muestro nada de mi genialidad, de mi diferencia, de mi superioridad en este mundo y me divierto tan sólo cuando puedo redimensionar los egos ajenos, encontrándole "peros" a todo. Mi gran contradicción es que soy a la vez, un romántico y un maniqueo violento. Un romántico, ya lo veis, siempre dispuesto a ser el caballero andante de mi palomita y de todas las palomitas del mundo y el paladín de causas nobles, no importa si perdidas, al revés, me siento mejor en las perdidas, porque así no me mezclo con la chusma. Y un maniqueo absoluto porque todo lo veo en blanco y negro, en términos de bien y mal que luchan, tanto en los cielos como en las tierras. Y gana el mal, siempre, porque vosotros lo dejáis y lo apoyáis. Y yo estoy solo. Y soy un violento, destruyo la armonía, siempre encontrándole inconvenientes a todo. Además soy perezoso, y me gusta serlo. A mí, en verdad sólo me interesa el gran arte y los genios. Nada más. Esa gente es mi patria, mi hogar, mi consuelo, mi reconciliación conmigo. Porque no vayáis a creer que, con todo eso que os dije de mí, me veo bien. No, me veo de lo peor entre la mierda, esa es la verdad. Tengo el orgullo más que prohibido, y cuando me dicen que soy válido, siempre creo que me están camelando, que me están adulando para sacarme cosas. Y, aunque no me importa en absoluto –añadió, defensivo- ¿cómo soy visto por los terrícolas?

- Yo –saltó Maite- te veo como a un adolescente protestón e irresponsable, como una cruz que hay que llevar porque, por principio, debe haber sitio para todos en este mundo. Reconozco que me hace gracia tu cuerpo felino, tus maneras de salvaje, tus ocurrencias, pero, sí, me siento indulgente y paternalista contigo, y sí, reconozco que no te respeto. Yo entiendo que a veces te enganches conmigo y pelees porque yo no toleraría que otro no me respetara.

- Y yo –dijo Pedro- te admiro y te envidio un poco. Admiro ese desparpajo con el cual usas y abusas de la rabia. Yo daría media vida por hacerlo. Aunque no lo haría como tú. Te veo tonto a veces porque dilapidas energía. Haces demasiado ruido para nada. A mí, el que seas un genio o no, no me altera, ni me emociona. Porque desprecio a los genios. Pero me gusta que estés rondando cerca de mí, me diviertes, me dinamizas. Me río contigo porque hay una especie de complicidad en redimensionar egos ajenos, que me gusta.

- Yo –dijo Eva, ya repuesta de su emoción- te admiro un montón Roberto- tú eres un espejo de lo que nunca voy a poder ser. Sacas rabia por un sí o por un no. Eso, confieso, me asusta, y como habrás podido observar, me alejo cuando protestas así, porque siento miedo y también vergüenza por el descontrol. Hago como si no te conociera, porque no quiero peleas. Y tú siempre buscas peleas. Yo admiro tus hallazgos y también creo que eres un genio, pero eres el único genio al cual no envidio. Supongo que es porque siento, como sensible que soy, que sufres con tu orgullo, que eres tan inseguro como yo, pero más valiente, eso sí que lo admiro también. Pero hay un "pero", me aterra más atreverme a crear y a asumir mi orgullo cuando estás que cuando desapareces. Eres muy disuasivo en ese campo para mí. Caigo en mis dos temores: volverme loca como tú, y ser perseguida y rechazada por el mundo. O sea, que me pones paranoica, vamos.

- Ya sabía que me ibais a destripar, pero me gusta, me da razón –dijo Roberto, arisco-.

- O sea, que tú, como siempre, puedes cortar leña de nuestros cadáveres y nosotros no podemos decirte respetuosamente lo malo tuyo —mostró Eduardo-. Yo te veo como un hombre que compite conmigo aunque nunca lo confiese, conmigo solo y en todo. Eres como un fantasma, cada vez que me quiero afirmar llegas tú y compites, con esa hipocresía, además, con aires de superioridad, pero con sorna para más Inri, aunque yo me saco el bofe para traer productos e ideas de última generación, mientras que tú llegas, con tus vaqueros sucios y raídos, con tu sonrisa sardónica y burladora, con las manos en los bolsillos y sin nada que ofrecer, pues a mí me encantaría competir, ya sabes que eso me excita, y simplemente insinuando con tu lenguaje gestual de lo más pintoresco y poderoso, que tú tienes o tendrías algo superior y que no quieres mostrar, lo que me deja como a un imbécil, y vas y te repartes el mercado conmigo. Y entonces veo que el envidioso eres tú, no yo. Yo, al menos, me la juego. Presento mis ideas, mis objetos, tú no. Además de envidioso, cobarde. Y ahora te digo, en cuanto a las mujeres que también me llevé una sorpresa, aunque creo que te lo han dicho para que no llores. Yo soy más hombre que tú, mi madre siempre me lo ha dicho, soy más hombre que nadie. Y al menos, no soy perezoso a la hora de cumplir con una mujer, Siempre listo, esa es mi divisa.

- Sí, como un conejo, aquí te pillo aquí de mato —se burló Roberto- y si te vi no me acuerdo. Total, que ni tiempo les das para que se enteren. Yo me la cortaría macho, en tu lugar – concluyó, triunfante-.

- Cuidado amigos, no olvidéis que las discusiones y peleas están prohibidas –intervine apresuradamente- creo que estás recibiendo un vino de tu cosecha y que Eduardo tiene más aguante a la crítica que tú, has de reconocerlo Roberto. Y, ¡basta ya de miradas asesinas los dos!, y tú no te rías Pedro, que maldita la gracia de ver a dos miembros del mejor y más genial equipo destriparse. Yo, Roberto, te veo como a un rey que se empeña en quedarse en el exilio cuando todo su pueblo clama por él. Si pudiera resumirte sería como "el exponente del malentendido". Eso sería un resumen aplicable por lo demás a todos nosotros, como quedó claro por todo lo que ya vimos juntos en estas semanas. Tú, Roberto, estás dotado para ver las injusticias y las mentiras, nadie lo duda, pero más que eso, lo que te caracteriza es la inteligencia inaudita, esa que relaciona cosas y aspectos que nadie antes puso en conexión y que descubre aspectos, soluciones, opciones que nadie antes había percibido. Y tu veneración por lo auténticamente alto y trascendente, creador y transformador es encomiable, tú apuestas por la eternidad en cada ser mortal, y eso es admirable, y yo creo en la eternidad porque tú existes y nunca te degradarás. Ahora bien, lo que no admito, ni creo que admita nadie justo, es que sigas dudando de nosotros porque dudas de ti. No se puede ir por la vida actuando la presunción de culpabilidad con los más inocentes. Para ti, todos somos culpables hasta que se demuestre lo contrario, y eso va en contra del principio básico del derecho, que es lo que rige la justicia, pues éste se basa en la presunción de inocencia. Tú verás de qué te han acusado y demuestra, como creo, como estoy segura, que eres inocente, en vez de culpar al mundo y a Dios de tus pseudo desgracias. Haces pagar a justos por pecadores y eso es, para alguien que presume de valentía, auténticamente cobarde. En el fondo, quieres hacernos creer que todos somos culpables para exculpar a los que te acusaron: "Sí, sí, ellos son malos, pero vosotros peores aún", nos dices, y eso es injusto y vil. O sea Roberto, eres un rey, un cielo, un romántico, un delicado, un considerado, un genio probablemente, pero eso lo serás cuando asumas que para hombre, tú, cuando dejes de ir por la vida como un adolescente tarado. No te vamos a soportar injusticias, ni con nosotros, eso es lo primerísimo, ni contigo. Yo estoy a tu lado si te asumes como adulto, si no, pues busca otro grupo de pertenencia y basta. Por lo demás, yo no creo en tu rabia, ésta esconde una enorme tristeza. Te han dañado, y mucho, te han abandonado, te han acusado de lo que jamás hubieras hecho, eso es obvio, así que llora, porque los hombres de verdad son los que lloran, y verás que estamos todos contigo. Así podrás asumir el orgullo de ser lo que eres: un cielo, el cielo entero, para mí, al menos.

- ¡Vaya... vaya! Pues me has calado y bien calado, palomita. No sé por qué a ti te permito lo que a nadie, y además lo agradezco, y no soy el único por lo que veo que te considera así. Te pido disculpas Eduardo, no pensaba ni un poco lo que te dije –reconoció nuestro Roberto, pues nuestro era-.

- Y propongo –ya que faltamos la mitad y necesitamos lucidez y claridad, que pospongamos el análisis de Maite, de Pedro, y el mío para el próximo lunes.

- ¿Y cómo llamas tú a los de la familia de Roberto y a los de la mía? –preguntó Eva-.

- A los tuyos los llamo Constructores y a los de Roberto los denomino Reveladores ¿os gusta o buscamos un nombre mejor?

- A mí me encanta -dijo Eva- soy constructora, y con orgullo de llevar ese nombre –sentenció-

- Y yo Revelador, no podías haber encontrado nombre más apropiado palomita –aceptó Roberto, dócil-.

Y todos se marcharon haciendo chistes sobre sus nuevos nombres, muy orgullosos de pertenecer a su familia terrenal.

Preciada Azancot

10

MÁS FAMILIAS

Lunes 16 de Febrero:

Llegaron todos antes de la hora y al mismo tiempo. Contrariamente a lo que imaginé, no se habían reunido antes en algún bar, según me respondieron. Simplemente estaban apasionados por descubrirse en los ojos de los demás y en los suyos propios.

Decidimos que esta vez, la maestra de ceremonias sería Maite. Y dio el ejemplo en cuanto decidimos optar por quedarnos en casa y volver a comer pizza, y la encargamos por teléfono. Sirvió ella misma las copas a toda máquina y habló no más bien estuvimos quietos en nuestros cómodos sillones y sofás.

- Yo me veo bien, he de confesarlo. Me veo tan bien que, en verdad, me asusta un poco saber cómo me véis vosotros, pues lo malo malísimo que tengo, lo que más me tortura, son los diálogos internos perseguidores de los cuales padezco desde siempre, supongo que como todos vosotros, por lo demás – arrancó Maite, y, ante nuestra mirada interrogante y estupefacta, exclamó:- ¿Qué? ¿Me vais a decir que no tenéis todo el tiempo diálogos internos que os increpan y culpan? –y como casi todos negábamos enérgicamente con la cabeza- Pues entonces retiro lo dicho. No estoy bien, pues yo daría media vida, y no exagero, por silencio en la cabeza. Media vida, sin exagerar, lo juro. Si me ayudáis en eso yo os daría lo que me pidierais, pues pensaba que eso lo tenía todo el mundo. Es una tortura total, día y noche, noche y día, salvo en algunos momentos fugaces e inefables, de éxtasis total, y eso para mí es la felicidad. Por lo demás me considero cumplida, noble, culta, providencial también, muy leal, buena conversadora, educada, regia también, es verdad, considerada, servicial, buena madre futura de mis hijos porque buena hija, buena ciudadana. Lo que no me gusta de mí es el pesimismo y el exceso de perfeccionismo. ¿No me diréis que peco por falta de humildad?

- Pues no, no pecas –le aseguró Eva- eres realmente así como dices. Yo, además, te veo muy compasiva y solidaria, aunque en exceso exigente. Nunca nada está bien hecho según tú. Me encanta lo culta y enterada que estás en cultura alta, me refiero a historia, geografía, sociología, museos, y, lo que más admiro, comidas.

- Y yo —dijo Pedro- te veo como a un sueño inaccesible y te veo demasiado perfecta como para ser considerada por mí una mujer. Eres como una diosa a la que venero y que jamás se dignaría a poner sus ojos en un payaso gris como yo. Te veo en un altar, no en el mundo, con nosotros. Y eso me asusta porque a mí, los ídolos me dan mucha rabia, muchas ganas de derribarlos, pero contigo es diferente, yo a ti te venero. Pero no puedo amarte. No se puede amar de rodillas ¿cómo besaría tus labios o sólo tus mejillas estando yo de rodillas y tú sobre un altar fuera del alcance de los humanos de a pie? Apenas alcanzaría a besar la punta de tus zapatos.

- Y yo —dijo Roberto- y vuestra majestad me disculpará, siento verdadera fobia contigo. A mí me parece grotesco ¿qué quieres que te diga? el ir tan estirado y tan altivo por la vida sin ninguna credencial que, al menos a mis ojos, lo justifique, simplemente porque tú te has autonombrado reina. Para mí, lo que hay que admirar de rodillas es a los genios, a los que transforman la humanidad. Y tú eres todo lo contrario. Pura conservación de lo ya instituido, ya muerto. Tú eres una fabricante de ídolos, y los ídolos son lo que más odio en el mundo. Tú nos obligas a idolatrar el ayer y a temer el mañana. Miedo al cambio y adoración por lo rancio, por lo de ayer. A mí eso me parece indigno de un humano, grotesco y, además patético. Tú me caes muy bien por lo demás. Es lo que haces, es tu función en la vida la que me pone de los nervios. Es tu soberbia además, eso sí que me parece odioso Maite. Siento mucho disgustarte, pero es lo que me provoca decirte porque es mi verdad.

- Pues a mí –apostilló Eduardo-, la verdad es que me eres bastante indiferente. Me da igual que estés o no, para mí, el mundo no cambia por ello. O sí, hay menos fiscalización, menos acecho, menos figura parental que te está analizando, juzgando en permanencia. Tu eres muy bella, muy elegante, muy refinada y muy señora, pero como si estuvieras en un museo o en una vitrina. Eres como de plástico, no me sugieres nada cálido, sino gélido. Eres mujer y muy bella, pero no hay respuesta de hombre hacia ti en mí, y eso me asusta, porque, como quedó claro, yo respondo sensualmente a todos, hasta a los animales, pero contigo no, es como si no estuvieras, como si fueras una foto del pasado. Pero eres muy bella, muy todo eso que dijiste – añadió precipitadamente Eduardo al ver palidecer intensamente a su amiga- y yo sí te quiero, amarte sí que te amo, es más, eres, con Preciada, la única por quien siento amor, ternura, lo que pasa es que no pasa ese amor por el sexo, y yo, si no siento todo en el sexo, no creo que esté vivo.

- ¡Pues si supieras Eduardo, el volcán sensual y erótico, que sé que bulle allí! –revelé yo sin dejarme intimidar por la mirada escandalizada de Maite- Justamente a mí, lo que más, y con mucho, me llama en esa familia, en ese tipo de gente, es precisamente el erotismo que siento en todo su ser. Y sospecho de manera fundamentada que esa rigidez, ese envaramiento, ese ponerse fuera del alcance del roce es precisamente una defensa contra un exceso de erotismo. Dije erotismo, no dije pornografía, que es lo contrario. Yo si no fuera porque tengo claro que el hombre de mi vida ha de ser alguien como mi gatito, optaría sin pensármelo por un hombre de la familia tipo Maite. Pero no os dais cuenta de lo súper femenina y erótica que es, y de lo muy púdicamente que lo conserva para la intimidad, y tiene razón de hacerlo así. Eso yo lo percibo en la forma fija y profunda y encantada con que mira lo bello, cualquier cosa bella, en la manera en que baja los ojos cuando siente atracción por un hombre, y les encuentra el punto de hombría sexy a todos, sobre todo a ti Pedro, sí, no te sobresaltes, y tú Maite, por favor, no te consideres ofendida por lo que muestro, pues ofensivo es que te vean como de plástico y no como mujer-reina. Si yo fuera lesbiana, desde luego optaría por enamorarme de Maite y haríamos una gran pareja, no os riais, porque además de hipersensual es romántica hasta más no poder. Es la gesta medieval personificada. Si Maite no está movida por ideales, se siente muerta, todo lo idealiza, todo, hasta el pan, le encuentra raíces a todo, y venera las raíces, eso es amor, y amor del bueno, del firme, un amor-roca, inalterable inmortal, infinito siempre. Y me parecéis injustos todos cuando no veis que su perfeccionismo es amor, es hacernos el favor de decirnos cómo, si nos encontramos con un juez más severo, menos amoroso y comprensivo, menos paternal que ella, ser admitidos sin ser mal juzgados como la juzgáis a ella. Y no creo en tu orgullo Maite, ese orgullo es pura alegría, una alegría de encantamiento de abuela ante sus nietos, pues sí que serás buena madre, pero mejor abuela, esa es tu vocación. Eres como un gran árbol frondoso que da sombra y cobijo a todos, eres pura alegría y amor, y te amo. Y puedes llorar –le dije cogiéndola en mis brazos y besándola tiernamente, llora que te humanizarás más aún-.

- Es obvio que, estando presente Preciada, yo temo menos exponerme, porque aunque me destrocéis, ella recompondrá mis pedacitos –dijo Pedro, muy rojo al ver a Maite llorar quedamente en mis brazos-. Ante todo Maite, te diré que lo que dijo Preciada sobre tu cercanía y tu accesibilidad, me hace el más feliz de los hombres, aunque bien sea que me aceptes como amigo, para tomar un café –añadió prudentemente al ver a Maite enrojecer también-. Yo **soy normal y corriente**, eso sería mi lema, y muy cobarde, eso sí. Todo lo que no parece asustar a los demás me aterra a mí. Soy una persona segura, fiable, constante y paciente. Soy sensible también, aunque a veces muy masoquista y sádico. Tengo sentido del humor y soy ateo, gracias a Dios. Eso es todo. Ah. Sí, y odio el compromiso. No me siento comprometido con nada. O sea, que si me muriera, nada cambiaría para el mundo ni para nadie. Me temo que ni siquiera Preciada tenga algo más que añadir a eso.

- Pues te felicito por la justeza y la sobriedad con la que te has descrito –dijo Roberto-. Y si todos fueran como tú, yo, la verdad, es que me reconciliaría con el mundo. Tú no jodes a los demás, ni te crees un dios, ni pontificas, tú eres un amigo, el amigo. Y sí, no te ruborices, pues yo que despotrico de todos los demás, de ti no lo haría jamás. Yo confío en ti. Además me encanta tu sentido del humor, y sobre todo, tu discreción, dejas el protagonismo hasta a los que, como yo, no lo desean. Contigo me siento seguro, importante, y jamás juzgado. O sea, que perfecto. Pues sí, no me miréis así, no tengo "pero" por una vez.

- Y yo –dijo Maite- creo que eres el hombre con el cual cualquier mujer se querría casar y formar un hogar estable y seguro. Contigo me puedo permitir el lujo que con nadie más me permito: sentirme frágil y dejarme cuidar y mimar. –Y Pedro se ruborizó intensamente, muy complacido-.

- Y yo confirmo todo lo dicho –dijo Eva- añadiendo que lo que más valoro, además de ver en ti también a un marido seguro – rió-, es tu inteligencia tan sensible, impresionista. A mí me relaja y me da ganas de profundizar en las sensaciones, y, de ellas, entender las emociones, al menos, no considerarlas materia para locos. Y eres un buen amigo, y muy seguro, el mejor.

- Vaya, -dijo Pedro todo rojo y sudoroso- no imaginaba tantas flores ¿y tú palomita? ¿No me digas que para variar, a mí me vas a regañar?

- Pues sí, ¿qué quieres que te diga? –respondí- Sí que te regaño, por mentiroso. Sí, pues es mentira que seas tan cobarde, yo veo en tu miedo una gran rabia contra nosotros, una rabia justa además, por torpes, por mentirosos, por prepotentes, por desconsiderados, por arrogantes, por carentes de armonía y de delicadeza, por no asumir lo frágil que es un ser sensible, todos los seres lo son en verdad, nos dices con tu alejamiento. Y aplaudo tu enorme paciencia por codearte con personas tan burdas, tan "de primera encarnación" como nosotros, tan poco sutiles. Sutil, es lo que más te define. Y en todo. Empecemos por lo menos visible, el erotismo y la sensualidad, que yo percibo como en nadie, aún más que en Maite, la ternura, la delicadeza, el culto por la calidad, ese talento de miniaturista y de caricaturista a la vez, con el que nos plasmas a todos en dos pinceladas. Tu profunda humanidad y tu increíble inteligencia. Tú eres como una esponja que lo desea saber todo, entender todo. Yo te imagino en la otra vida como pura clarividencia. Mi reproche es que nos prives así de ti ¡hombre, no somos tan ogros como nos pintas! Necesitamos de alguien como tú, porque cuando tú dices sí a algo es que ese algo es la medida de lo posible humano. Eres como la norma para todos, nuestro medidor de la cantidad de humano que hay en nosotros o nos falta. ¿Pero no crees que ya es hora de dejar de vivir a media asta y de involucrarte más en la vida? Necesitamos todos tu rabia activa, y tu tristeza más que nada, es decir, tu sensibilidad, pero a cuerpo descubierto, tu compasión, pero verbalizada, tu claridad, pero sin cristales deformantes entre la vida y tú, entre nosotros y tú ¿nos lo prometes?

- Sí, palomita, os lo prometo, porque nunca me sentí tan a gusto y tan seguro como con vosotros y, por eso, por vez primera, tengo la certeza de que mi voz también es necesaria, pues ahora que represento a la sexta parte de la humanidad, quiero hablar. Y ¡ahora te toca a ti, Preciada!

- Pues sí, me toca, y nunca me molestó hablar de mí. Mi lema sería: *lo imposible no existe*, a mí, la palabra reto ya basta para que me lance a pecho descubierto, bueno es un decir – añadí al ver la mirada golosa y muy localizada de Roberto-. Yo podría describirme, fiel a mi lema, como la conciliación de los contrarios opuestos. Sí, porque soy muy niña y muy maternal también, mágica y extremadamente científica, temeraria y muy vulnerable, extrovertida y sumamente tímida, artista y metódica, religiosa y radical, optimista y melancólica. Lo que más me importa en el mundo es conocer a Dios y no fallarle. Y lo que más me duele son dos cosas, mi profunda inseguridad como mujer, pues creo que no gusto al sexo contrario, en eso soy como Roberto, ojalá que con la misma falta de fundamento, pero no lo creo, y lo segundo y mucho más grave, es que yo adoro a la gente, hago todo por ser una más, por integrarme, pero siempre tengo la sensación de que los otros me quieren fuera de esta vida, es como si molestara, o sea que me siento expulsada al cielo. No sé por qué, y espero de corazón que vosotros me lo hagáis entender. Y, por último, y va ligado a lo anterior, a mí me traicionan más de la cuenta, me entrego sin medida y entrego lo que soy, pero, más temprano que tarde traicionan mi confianza, y entonces ratifico que me quisieran fuera de este mundo. Muerta en suma, para, entonces sí, amarme y echarme de menos.

- A mí no me extraña lo que oigo, palomita –dijo Roberto-, pues eres demasiado maravillosa, eres como un sueño imposible y en cuanto a mí, como soy desconfiado, preferiría patearte y echarte a un lado con tal de no ilusionarme y despertarme una mañana y que me cuenten que, efectivamente, eras un espejismo que se esfumó. Y eso pasa porque la gente, y me incluyo, no tolera la grandeza, no tolera justamente esa mezcla de vulnerabilidad y de heroísmo, de feminidad y de falta total de hembrismo, yo me siento inseguro contigo porque no me puedo creer que puedas amarme de verdad, y, sobre todo, quedarte. Siempre tengo la sensación contigo de que mañana me despertaré y te habrás marchado, y al cielo, muy especialmente. Pero lo que no entiendo es que te sientas insegura como mujer, eres de una belleza, no sólo insólita, sino que no te pareces a nada de este mundo.

- ¿No ves? –dije llorando- ¿ves que tengo razón? ¿que me quieren expulsar de este mundo?

- Yo no, -dijo Maite-, esos hombres son cobardes y no se sienten lo bastante completos, pero yo sí que te necesito aquí. Eres lo que más calidez da, lo que más amor, cariño, atención, comprensión, nutrición para el alma, eres pura alma. Si personas como tú no existieran mi vocación de amor no tendría destinatario ni, sobre todo catalizador. Eres el catalizador de todos.

- No le habléis así, porque me la asustáis –dijo Pedro-. Yo, Preciada, aunque confieso que me intimidas mucho, porque pareces una princesa con esos ojazos inmensos y verdes que miran hasta el fondo del alma de los demás, que los desnuda, ese cuerpo grácil de caminar que parece flotar a diez centímetros del suelo con porte de princesa, ese entregarte a los demás con esa falta total de ego, como nadie más lo hace y que es vivido como un compromiso de entrega al cual nadie está dispuesto en esa medida, sí, todo eso me intimida, es cierto, pero yo, que sé un rato de miedo, creo que lo tuyo es miedo. Tienes tanto miedo a no ser querida que te entregas de manera excesiva, entonces el otro se queda acomplejado y asustado, teme defraudarte, y es posible que entonces prefiera defraudarte de una vez, antes que ser rechazado por insuficiente, antes que defraudarte de verdad, porque eso le partiría a él, el corazón. A él, no a ti, por eso te traicionan antes. Pero si te ocuparas más de tu felicidad, de tu alegría, si te volcaras menos, no darías miedo y habría cola de gente esperando una mirada tuya, de mi princesa.

- Yo, -dijo Eva-, es cierto que me intimidas también, y no lo entiendo, porque eres entrañable, atenta, cercana, nada ególatra, pero es verdad que eres como de otro planeta ¿por qué? Yo creo que porque nos muestras lo que podríamos ser, o sea, nadie puede estar cómodo ni optar por la dejadez a tu lado, justamente porque tu fe en nosotros es ya todo un programa de crecimiento y de transformación que pocos estamos dispuestos a afrontar. Yo creo que eres tú la que opta por esa parte de luz que ves en nosotros, y que existe, cierto, pero que, en nuestra comodidad, vemos como posible en otra vida más alta, en el cielo, como dices tú. No somos nosotros los que te expulsamos en el cielo, eres tú quien está allí y nos ve desde allí. Y yo creo que es por eso que crucificaron a cristo, que es muy de tu familia, apuesto, porque su fe en nosotros era una cruz para nosotros.

- Yo, -dijo Eduardo-, veo a Preciada sobre todo como una idealista, como una soñadora algo ingenua, pues siempre ve lo que podría ser, no lo que es, y es necesario tener a personas así, aunque sea para soñar con una vida mejor. Pero lo que me deja pensativo y me asombra, es que sus sueños, ella sí que los materializa, es toda una triunfadora en su profesión, en su vida privada, en su vida espiritual también, y eso, basta ver su gran serenidad y esa fe inderrumbable para darse cuenta de ello. Entonces en verdad creo que ella, no es que viva en el cielo, sino que es la única capaz de traer el cielo a esta tierra, esta es mi profecía. ¿Pero como hombre, cómo te veo además de preciosa? Pues, para mí, la más peligrosa. Creo que si viviera contigo me enamoraría de tal modo que, si me dejaras, ya nunca más podría mirar a otra y sería un infeliz, y como estoy seguro de que te cansarías de mí, pues paso, y, si puedo, no pierdo la ocasión de darte un golpe a cuanta de lo mucho que sufriría si me permitiera amarte y te cansaras de mí.

- ¡Joder palomita! –lanzó Roberto-. Si con eso que te hemos dicho todos no te sientes así de orgullosa y de ufana, pues no sé qué quieres. Todos te hemos dicho lo mismo, que te vemos mejor y más de todo que nadie y que no nos atrevemos a soñar ser considerados de manera permanente por ti. Mira, te diré la verdad, yo sí que me atrevo a pretenderte, porque soy el único de tu raza, afín a ti, tú si prometes quererme, y si no prometes igualmente, pues que me quiten lo bailado, me caso mañana mismo contigo, porque si además de perfecta eres real y si encima quieres arrimarte a los demás, yo me apunto ¡y cómo!

-Yo decía eso de manera genérica –respondí-, no es que estuviera buscando novio, aunque gracias Roberto, lo tendré en cuenta antes de lo que crees. Y sí, todos me habéis ayudado mucho. Tendré más los pies en la tierra e intentaré no confundir lo posible con lo existente, tenéis razón, gracias amigos. En todo caso, ya nunca más me consideraré no amada, sólo tal vez, algo triste de que no os améis como yo os amo.

- Lo que me faltó por decir es algo sobre tu alegría Preciada – añadió Maite-. Si, como dices tanto, alegría es Verdad, tú eres en eso una pasada, y si es optimismo, pues la que más, y si es gracia, también, y si espiritualidad, pues creo que como nadie. Y te quiero, vamos. Además, hay algo maravilloso en ti, las mujeres no sentimos celos contigo, aunque todas te veamos mejor que nosotras, nos inspiras confianza, protección y ternura. –y vi como Eva también aprobaba, y me sentí plenamente feliz-.

- ¿Y a nosotros tres, cómo nos llamas?- preguntó Pedro.

- Pues a los de tu familia, Fortificadores, a los de Maite Legisladores y a los míos Reactivadores – y todos aplaudieron.

Y me recordaron que el lunes siguiente hablaría yo de finalidad y de espiritualidad.

Preciada Azancot

11

¿PARA QUÉ QUEREMOS SEGURIDAD?

Lunes 23 de Febrero del 2004:

Y esta vez me toca a mí y no preparé nada, como siempre que he de decir cosas esenciales. Necesito pulsar el clima, la energía del entorno, para ir creando mi discurso. Cuando he de decir cosas sencillas, más elementales, preparo muy bien mis intervenciones.

Preparé la cena yo misma, opté por una comida mágica, un festival de olores, colores, texturas, todas exóticas. Y muchas velas, y preciosa música de fondo.

Llegaron, bellísimos todos, puntuales, cargados de regalos. Eduardo trajo champán, Roberto flores, Maite bombones de licor, Eva más flores, Pedro un delicioso pan artesanal. Cuando tuvimos en mano el *dry martini* que les preparé, arranqué:

- Yo quisiera proponeros que trabajemos hoy sobre *la finalidad de la seguridad, es decir, el para qué la necesitamos vitalmente,* y, para eso, os propongo que nos preguntemos, ya que la función del miedo es la seguridad, cuál es la emoción que es la base verdadera del miedo, y cuál es la otra emoción que es su finalidad. Luego analizaremos mejor la finalidad de la seguridad, ya que sabremos de qué raíz proviene y hacia qué otra necesidad vital se dirige. Luego, hablaremos un poco más del binomio orgullo-miedo y cerraremos esta sesión. De esta forma, ya sólo quedaría, para el lunes próximo, la sesión de clausura, sesión en la que, entre muchas cosas, decidiremos si seguir con la investigación sobre la segunda emoción innata del ser humano, o si nos damos así por satisfechos y dejamos de investigar. ¿Qué me decís?

- Por mí encantado, palomita —dijo Roberto, muy bello con traje y corbata, que se ponía por primera vez en nuestra presencia. Parecía un novio celestial- así me sentiré como en una de tus sesiones de trabajo de tu especialidad —rió, travieso, y todos aprobaron-.

- Bien, yo os pregunto ahora —seguí yo- ¿cuál es la emoción raíz del miedo, la tristeza o la alegría? ¿O alguna otra, como por ejemplo el amor, el orgullo o la rabia? Me refiero a la pregunta siguiente: ¿cuál es la emoción que posibilita, como necesidad inaplazable, que se sienta miedo a continuación de ella?

- ¿Y no es que será el orgullo? –aventuró Eva-.

- No, el orgullo hace pareja, binomio, no es raíz, pero hemos de comprobarlo, es cierto –dije-.

- A ver –dijo Pedro- ¿por qué no sería su raíz? Veamos, siento orgullo de encontrarme con vosotros, de haber trabajado bien, y de que lo hayáis hecho bien también, de manera que hemos logrado que, yo al menos, para hablar sólo de mi caso, me sienta importante y necesario. Y tengo miedo a perderos.

- ¿O sea, que el orgullo es algo peligroso y precario? –apuntó Maite- Yo no lo creo, eso sería dar razón a Prometeo y a Sísifo de nuevo ¿no creéis?

- Totalmente, yo sí que lo creo ahora, no así antes –confesó Roberto- Creo, por lo contrario, que el orgullo es lo más sólido, lo que nadie te puede quitar, lo que es tu ser, la esencia de tu ser, y que el orgullo lleva a la alegría, no al miedo. Además, acordaos, hemos visto que, por el contrario, es, cuando no hay orgullo, que uno cae en el miedo, en la inseguridad, Eva y yo podríamos escribir un libro entero al respecto. Y si queréis pruebas de que eso es así, mirad a Maite y a Preciada que tienen el orgullo fenomenal, ¡ni pestañean al decir su verdad!

- Cierto, dijo Eva, doy fe de que tan sólo Sísifo me hacía esclava de esa creencia en que el orgullo lleva al mayor de los riesgos. Entonces veamos, Preciada nos da a elegir entre cuatro otras emociones como raíz del miedo y nos formula la pregunta de una manera muy científica y precisa, la repito ¿cuál es la emoción que lleva necesariamente, como consecuencia, como raíz, al miedo? Pues a mí me parece obvio que es la tristeza. Porque si estoy triste, porque pierdo algo, me da miedo, miedo a deprimirme, a sentir culpa, a desesperarme, yo vivo mucho eso.

- ¿Y eso es bueno? No dudo de que el mundo sí que está montado sobre esa creencia –protestó Roberto- ¿pero, esa creencia está fundamentada en la razón? No lo creo, y, es más, creo que es al revés, que la tristeza es la base de la rabia, y justamente, Eva, ya sabes de sobra que tu problema es justamente que pasas de la tristeza al miedo, otra vez a Sísifo, pero que lo tuyo, tu vocación, sería pasar a la rabia y reaccionar contra tanta tristeza inflacionada dando una patada a los tópicos, como este por ejemplo, de que la tristeza lleva al miedo.

- Yo –sostuvo Pedro-, te doy, como ex víctima también de esa creencia, toda la razón, Roberto. Yo también pasaba de la tristeza al miedo de ser culpable, y eso fue el cáncer de mi vida, y abomino de tal andadura, y me niego a pensar que estamos fabricados así y que eso es la ley que rige nuestro sentido de seguridad. Esa andadura, tristeza como raíz de miedo, es, al revés, la que tengo más claramente vivida, y que impide toda seguridad y te inmoviliza de miedo. Doy mi testimonio y os hablo durante toda la noche de miles de casos que demuestran que no, que la seguridad tendrá o no raíz, pero, de tenerla, de seguro que jamás sería la tristeza. Es más, desde que dejé de funcionar así, perdí el noventa por ciento de mis miedos grotescos y paralizante ¿me creéis? Eso lleva al conformismo, a la fatalidad, a la resignación. Por ejemplo, ya que Eva y yo, sin ejemplos no nos enteramos, Esa anomalía es precisamente la consecuencia de esa monstruosidad. Como no nos enteramos, justamente porque vamos de la tristeza al miedo, queremos un ejemplo, para que otro ponga su inteligencia, su ejemplo, como puente para que nosotros nos sintamos seguros y aceptemos dar un pasito más. ¿O no, Eva? – y Eva lo miró, atónita, y no respondió-. Pues sí, mira, te pongo un ejemplo, ¡qué remedio!, yo, ponte tú, soy hipocondríaco, y tengo miedo a enfermar. Pero tengo miedo porque soy hipocondríaco, y eso es triste, y esa tristeza, me lleva al miedo. Y me quedo peor, no resuelvo el problema.

- Yo, en mis viejos tiempos –intervino Eduardo-, y seguro que Maite me acompañará aquí, hubiera dicho que el amor lleva al miedo, y es un poco lo que el lunes le habéis dicho a Preciada, os lo hago notar, y yo también, y te pido perdón, ojazos. No; el amor de verdad lleva a la alegría, al placer, a la verdad, al disfrute, hay que ser muy mezquino para pensar que lleva al miedo. Yo, como destapé mi fibra profética, vaticino que va a ser la alegría la base del miedo. A mí me salvaría la vida que eso sea así.

- Pues dinos porqué –lo animé yo-.

- No sé bien aún pero, vale, me lanzo. Pues veis, Preciada me hace un ofrecimiento, un regalo, una oportunidad, y yo me siento reconocido y seguro y me lanzo, eso es una primera ilustración, "pero", como diría mi amigo Roberto, os recuerdo que yo, y bien que me lo reprochábais, pasaba de la alegría a la invasión, arremetía y usaba a los demás, sin miedo a invadir su integridad, por eso, desde que de la alegría paso a la consideración del otro, a la preocupación por la seguridad del otro, ya me aceptáis sin miedo, con más seguridad, y yo me siento mejor persona y más valiosa. Pero hay más, y os confesaré algo, yo soy muy espiritual, tal vez demasiado, porque caigo con facilidad en lo mágico, con mucha facilidad. Y si tuviera la certeza de saber lo que es Dios, y no digamos si lograra tener un encuentro personal con él, al estilo de Moisés, yo tendría un terror absoluto a perder eso, esa maravilla, a fallarle, a hacerlo mal, a perderlo a Él. Pero si tuviera ese encuentro con Dios, o sea con la verdad al estado absoluto, con la alegría pura, con el éxtasis de los éxtasis, con la alegría total, yo viviría para siempre en la seguridad, y nadie jamás me haría perder eso, jamás. ¿Y vosotros?

- Yo, desde luego sí –aseguró Maite-, sin asomo de dudas, sí.

- Yo, después del pasmo, pues creo que Dios no existe, también –dijo Pedro-.

- Yo también –juró Eva- lo que pasa es que no creo que me ocurra a mí ese portento nunca, yo soy agnóstica.

- Y yo sí que me sentiría feliz –aseguró Roberto- pero, ahora que lo veo, sí que me sentiría de lo más seguro, claro, dependiendo de lo que me dijera –rio-. No, fuera de bromas, aunque me condenara a muerte yo sería feliz, porque viniendo de Dios sería la verdad, y la verdad es alegría, como dice mi palomita, y es la verdad, cuando se tiene, cuando se logra, lo que da seguridad, y por lo contrario, perder la verdad debería aterrarnos, aunque la mentira fuera bonita de escuchar.

- Pues sí, eso mismo creo yo –dije-, y os felicito por lo bien que lo estáis haciendo. Así que concluimos que la raíz del miedo es la alegría, porque si esa alegría es la verdad, nos da la mayor seguridad, y si lo es, el miedo a perder la alegría nos hace protegernos mejor, defender nuestra integridad. Y ahora os hago la segunda pregunta: ¿cuál es la finalidad de la seguridad, o, dicho de otro modo, el miedo lleva de manera natural a qué otra emoción?

- ¡Eso sí que lo aprendí con vosotros, y de manera definitiva e iluminadora!, además: *el miedo lleva, sin lugar a dudas, a la tristeza, es la raíz y fundamento de la tristeza* –sentenció Pedro-. Por poco que se prolongue el miedo un segundo más de la cuenta, nos obliga a estar cerrados y a perdernos algo valioso. Y si el miedo es auténtico, lo que cabe es la tristeza. Por ejemplo, me siento mal, y creo que puedo estar enfermo, voy al médico y si me diagnostica una enfermedad, ya paso a la tristeza y busco con ella opciones para cuidarme, y si me dice que estoy bien, me siento seguro, más seguro, y me permito hacer más cosas, adquirir un mayor desarrollo.

- ¡Bravo Pedro! ¿Veis?, no es igual investigar y descubrir, como lo he hecho, que tener a genios vocacionales para decir, con sus propias palabras, lo fundamentado o no de mis conclusiones primeras. Os aseguro que me habéis aportado, todos, mil veces más que yo a vosotros, y os doy mil gracias por ello –dije-.

- *En cuanto al binomio* –recordó Roberto- *orgullo-miedo, ya lo vimos, es como vasos comunicantes: donde hay orgullo auténtico, retrocede el miedo*. Por ejemplo, y os lo confieso, mi gran sueño es ser novelista. En realidad elegí mi profesión de periodista para acercarme a mi verdadera vocación. Pero tengo demasiados temores como para lanzarme al ruedo. Pero sé que el día en que confíe en mí, en que tenga más orgullo, retrocederá el miedo y seré al fin lo que sé que soy, y muy bueno.

- *Y donde hay miedo auténtico, retrocede el orgullo* –nos reveló Eduardo-. Con vosotros descubrí que el miedo es mi vocación, y espero que Preciada me haga enamorarme de esa vocación hoy mismo, pues lo que más me interesa, más que el arte, que me chifla, es lo religioso. Sé que tengo alma de profeta, y que además, no quiero salir de mi tierra para ser reconocido –rio nuestro amigo-. Y cuando hay miedo auténtico, por ejemplo, a decir alguna verdad, o a realizar algún descubrimiento que se sabe que no va ser aceptado porque está demasiado adelantado, porque te quemarán en la hoguera de las supersticiones, puede y tal vez, deba retroceder, el orgullo, para preservar la integridad y la vida. No sé, yo me pregunto si muchas veces los genios, los visionarios no carecen del miedo auténtico que consiste en diagnosticar, como bien vimos, que el entorno no está preparado y que habrá sacrificio de los mejores y que no compensa. Pues, si mi talento, como dice Preciada, es el amor, y mi vocación la seguridad, a mí, qué queréis que os diga, me puede más la compasión por los pioneros que la sociedad sacrificará, que la admiración, veneración por los genios, los precursores. Por ejemplo, Jesús, mandó a la tortura y al martirio a todos sus apóstoles, y claro, a él también. Pero yo me hubiera callado, es eso la vocación de seguridad.

- ¡Eso sí que me parece fuerte, amigo! Y no estoy en absoluto de acuerdo. Los genios no sacrifican a los mejores, les dan una oportunidad única de auparse por encima de su talla medianita y marcar así una estela de progreso y de civilización –exclamó Roberto-.

- Y yo –dije riendo- no creáis que soy templagaitas y conciliadora cuando os impido agarraros por los pelos y pelear. Pero es obvio que siendo Roberto un vocacional del orgullo y siendo Eduardo un vocacional del miedo, se pongan a ser en lo hondo lo que son, no lo que sus idolillos les mandan a ser. ¿pues no es gracioso que Eduardo, el temerario Eduardo, abogue por el miedo y Roberto, el temeroso, con su orgullo, claro, abogue por el orgullo? Y eso, amigos, es justamente la grandeza de lo trascendente, es que, en materia de vocación, cada uno de nosotros se crece hasta ser digno de la mirada respetuosa y complacida de su Creador, y manda a su idolillo patético a hacer gárgaras. Eso es lo propio de lo trascendente, es la representación de nuestro Dios, Dios, no ídolo, visto desde nuestro modesto y fraccionado prisma. Yo os pido, aunque sea muy tentador no hacerme caso, que tan sólo consideremos lo divino como seguridad y como miedo super auténtico, esencial, radical y absoluto, y que nos olvidemos de las demás vocaciones porque en rigor, si queremos hacerlo bien, y espero que lo hagamos juntos, hemos de explorar las cinco restantes emociones y su estructura correspondiente, y también su sentido aliado para sacar un "do" de pecho digno de crear un precedente en ese aspecto. ¿Aceptáis?

- Por favor –rogó Eduardo- no me obliguéis a sacar mi viejo mapa del mundo y seduciros y sobornaros para convenceros. Ayudadme a mí para que, al menos terminemos una obra de manera magistral, que ya os ayudaré yo, cuando venga el turno vuestro ¿sí?

- Yo, con tal de no oír hablar de mi Dios, vale, lo que quieras – manifestó Pedro, sonriendo-.

- Y yo igual- dijo Eva cejijunta-, no tengo especial cariño a esa prescindible figura celestial que parecéis tanto necesitar. Y os recuerdo −añadió traviesa-, que si de verdad insistís para tener un Dios, yo me postulo cuando me siento super mujer.

- Y bien, -intervino Maite- yo, con tal de que se hable de Dios, no tengo ganas de protagonismo, aunque obviamente sea, para mí, amor. Dios es amor, y me interesará mucho ver cómo es, también, miedo.

- Pues a mí me costará, aunque pensándolo −dijo Pedro, soñador- pues sí, Dios, en el cual no creo, es miedo. Teme por sus criaturas. O sea, proyectando y usurpando si fuera necesario, su lugar y su voz, yo podría deciros, desde las cosas buenas del miedo, y no malas -que ya insistí tanto sobre ellas que olvidé lo bueno-, que Dios-miedo sería un ser fiable, seguro, delicado, ético, diagnosticador infalible, prudente, considerado, hacedor de normas y sobre todo de leyes maravillosamente seguras y fiables, además de sólidas. Y si Preciada nos dice siempre que ella está convencida de que hay leyes que nos rigen, esas leyes deben ser muy buenas, muy sólidas sobre todo, pues, desde que estoy en este grupo, yo, como médico al menos, sí que he alcanzado un nivel más trascendente. Me pasmo sobre la perfección de la creación, sobre la increíble solidez de esa creación y por ende de las leyes que deben regirnos, ya que, con toda esa basura y distorsiones que ya vimos, con respecto a nuestro funcionamiento ideal, seguimos vivos, eso ya me parece un milagro.

- Pues sí, pues sí −exclamó Maite entusiasmada-, ese Dios que pintas me gusta mucho, me gusta casi tanto como el mío. Porque amor sin seguridad me rechina ahora, también, desde que te oí Pedro. Sería un Dios paternalista y narcisistas si, primero y ante todo, no se preocupara por nuestra seguridad, por nuestra integridad.

- Sí −concedió Roberto- pero yo veo otro aspecto aún más importante en ese Dios de seguridad: la recta conciencia, la capacidad de no hacer el mal, de retenerse de amenazar la seguridad y la integridad del otro. A mí siempre me gustó mucho más el Dios judío que el cristiano, que veo amariconado, ese dios, ese Yahvé que marca leyes y dice "no" a la idolatría, a la voluntad de hacer daño, de profanar, de desear lo ajeno, de robar, de matar, ese Dios me va a mí. Eso, de manera definitiva, santifica la vida, la cotidianidad. Porque yo veo mucho orgullo verdadero en esa seguridad. Ese Dios nos dice: "Tú puedes retenerte de hacer el mal, por dignidad, porque has de ponerte a la altura de tu ser humano, no eres un animal", y además ¿qué digo? ¡ya quisiéramos! A mí siempre me han gustado los animales más que los humanos, porque justamente, no hacen daño, y los humanos sí. Pues viene ese Yahvé y nos recuerda que lo primero, lo básico, lo santo también, es no hacer lo que puede dañar a la creación, y lo que más la daña son los ídolos, como ya quedó claro. Y eso es la ética. Yo soy un gran admirador de lo judío, ese pueblo sí que tiene orgullo del bueno, pero no voy a hablar del orgullo, sino del miedo. Yo creo que el judaísmo ha aportado el orgullo al mundo -y si no miren cada año la lista de los premios Nobel y recuerden que hay tan sólo doce millones de judíos en todo el mundo-, justamente porque insistió primero sobre la ética, sobre el miedo a alejarse de Dios dañando al ser humano y la naturaleza. Acordaos que en el judaísmo es pecado hacer daño a un animal, aunque lo estés matando para comértelo, lo has de hacer sin casi hacerlo sufrir, sino no es cácher y no puedes consumirlo. Y, para terminar mi panegírico de lo judío, yo estoy orgulloso, como Español, de mi sangre judía, pues todos la tenemos al tener sangre de todos los conversos, y lo que más me avergüenza de mi país, de mi identidad, es esa barbarie acometida contra nuestros judíos que hemos expulsado de una patria donde estaban antes de que llegara el cristianismo al mundo, antes que nosotros. Eso me parece un bochorno, y creo que históricamente, hasta que no nos avergoncemos y rectifiquemos, hasta que no estemos, al menos, orgullosos de nuestra sangre judía, no podremos acceder al orgullo, sino a la vergüenza.

- Yo estoy de acuerdo contigo, Roberto- aseguró Eduardo –pero, barriendo hacia adentro, yo rompo una lanza por los musulmanes que hemos expulsado también y de los cuales me siento mucho más aliado y cómplice. Y el Islam introdujo, desde mi punto de vista, la gran revolución del miedo como religión. Sí, el Islam es, de entre todas las religiones, la que más integra lo social, lo cotidiano, lo pequeño, lo terrenal, en suma la seguridad, en la vida trascendente. Tú, para ser musulmán, sólo has de practicar un estilo de vida hecho para la tierra, para el día a día, buscando la integración de lo trascendente a la cotidianidad. Y esa alegría española se la debemos a los musulmanes, y todo el florecimiento medieval también, porque ellos fueron lo más culto, lo matemático, lo arquitectónico, a más de los conservadores de toda la cultura griega que la cristiandad se había cargado.

- Cierto es –aprobó Eva- yo soy también una gran admiradora de lo musulmán y, como Española, me abochorna que a nuestros emigrantes no les devolvamos nada de lo mucho que han traído. Yo no puedo entender que si la Constitución otorga, o más bien devuelve, la nacionalidad española a los judíos sefardíes, no lo haga también a los musulmanes que la deseen, sobre todo si viene de Marruecos, que eran los nuestros.

- Estoy de acuerdo contigo –sostuvo Pedro-, eso sería justicia.

- Y la los protestantes y masones que nos hemos cargado, y no olvidemos a los latino americanos –apunté yo-.

- Sí, estamos haciendo un mundo más justo y más sano – reconoció Maite-.

- Ahora que hemos avanzado un poco –dije-, os invito a que **busquemos si hay alguna función trascendente del miedo, me refiero a más allá de la seguridad**, o, dicho de otro modo, si fuésemos más trascendentes, si apuntáramos a Dios, ¿qué sería la seguridad en Él? Porque, claro, Dios no ha de buscar seguridad como los mortales, ya que es inmortal y eterno, e infinito también; ha de garantizar que la seguridad de sus criaturas se cumpla, primero por la maravilla de solidez de nuestra estructura, que, como bien apunta Pedro, es increíble, ya que una máquina, con la centésima parte del desarreglo al que nos sometemos, hubiese dejado de funcionar tiempo ha, pues todos hemos visto que teníamos una emoción disparada, otra desconectada y otra prohibida, y si tomamos en consideración que la primera es nuestra real competencia, la segunda nuestro talento verdadero y la tercera nuestra vocación mayor, pues me diréis si no es un milagro seguir vivos, ya que emoción es energía que nutre la estructura afín, especializada, correspondiente. Con toda esa energía enloquecida, seguimos vivos y eso prueba la perfección, la solidez, la seguridad en suma, de nuestra integridad como creación. Un tal milagro, una tal perfección, ciertamente no la hizo el Big Bang. Hay que ser un psicótico para creerlo, y un negador envidioso y soberbio además, pero bueno, a mí lo que más me gusta es la variedad, aunque a veces ésta lleve al delirio, como en este caso. Pero ¿cómo es *la seguridad llevada a lo trascendente, a lo creador, no creéis que sería la armonía*?

- ¿La armonía? –pronunció Roberto con sorna, esta vez, contra sí- no es precisamente lo que me caracteriza, pero sí es lo que más admiro en el mundo, siempre y cuando no sea una falsa armonía, de esa, conciliadora, que renuncia a la diferencia y a la diversidad con tal de que no haya tensiones, pero veo en tus cabeceos, que no, que no es a esa armonía a la que te refieres, sino a la esencia de la belleza, sí, la perfección y el balance de las proporciones, el canon griego en suma.

- El griego y muchos más, ¿no es cierto? –apuntó Pedro- cada estética alta, cada obra de arte verdadera tiene su armonía, su belleza, y es cuando se rompe la armonía que la obra deja de ser alta, genial.

- Entonces, llevándolo al tema que nos interesa -dijo Eva-, la armonía de las proporciones de las estructuras y de las emociones, lo contrario a ese horror nuestro de la emoción exagerada, la ausente, la castrada, que nos hace unidimensionales, esa armonía nos haría perfectamente multidimensionales, sextidimensionales según Preciada, y completos, y no por eso seríamos todos iguales, ya veo tu cara de horror Pedro, no, cada uno tendría su intensidad de color, de tono, como una sinfonía perfecta, según su talento real y su vocación correspondiente.

- Y así no habría guerras jamás, ni miseria, ni injusticias en la repartición de riquezas. La armonía –dijo Maite- ¿Y no es precisamente esa armonía la meta suprema del gran Buda? Yo soy una enorme admiradora de Buda, ese sí que buscaba la pura armonía, y que la trajo al mundo.

- Sí, pero no, -dijo Roberto-. A mí, una religión de tanta armonía que lleve a la negación total de lo diferente, que aspire a la dilución total y a la desaparición en la nada, no, no me parece armónico, me parece justamente eso que niega la armonía, lo que iguala, lo que niega la tensión de la diferencia. La mejor prueba es que esa gente sueña con no regresar, con desaparecer en la nada. ¡Patética me parece esa armonía!

- ¿Pero, insisto, cual es el atributo de Dios que surge de la armonía? –pregunté yo-.

- ¿Y eso, la armonía, no te parece suficiente, princesa? – preguntó Pedro-.

- No, no me lo parece. La armonía, aunque sumamente difícil de alcanzar, es alcanzable por un humano, por un mortal, pero ¿qué sería eso de Dios que nos aterraría perder y que, cuando lo tenemos nos deja tranquilos, en seguridad, en armonía, y que es, justamente lo que posibilita la armonía? – Y un largo silencio reinó, pues todos meditábamos-.

- ¡Yo sé!, -dijo Roberto- es la Presencia. *La presencia de Dios, la inmanencia se llama eso*, esa posibilidad de retraerse y condensarse en un punto, cuando no está contento con nosotros, cuando somos el mal, y de expandirse y cubrir toda su Creación y todo el universo aún por crear. Eso, eso es lo que más, y más aún que el orgullo, me hace ver que Dios es el Creador. Y, todos nosotros, justamente porque tenemos ética, recta conciencia, percibimos ese atributo de Dios cuando estamos en el mal, y sentimos que se retira de nosotros y eso nos vuelve locos, fútiles, sin meta, ni explicación, ni razón para seguir viviendo y, por lo contrario, cuando estamos en el bien, y entonces sentimos su Presencia, como si una gran manta cálida y maravillosa nos cubriera. Y creo que por eso nos hizo, a los que culminamos en este mundo la escala de su Creación, mamíferos, para que, de una manera imperfecta, sintamos esa seguridad, que no siempre lo es siendo mamífera y no dios, nuestra madre. Pero que nos prepara a apreciar y valorar por encima de todo esa presencia suya, ese saber que está allí, aquí más bien.

- Hay momentos como este, Roberto —dije yo con lágrimas en los ojos- en que aceptaría sin dudar tu propuesta de matrimonio.

12

EN DEFINITIVA, ¿A QUÉ TENER MIEDO?

Lunes 1º de Marzo del 2004:

Y llegó nuestra última sesión, esta vez, dirigida por Eva, ya que ésta pertenecía a la familia tipológica Constructora del planeta tierra. No estábamos tristes de terminar con nuestro apasionado ritual de reuniones porque todos habíamos decidido proseguir nuestras investigaciones. Entonces sentíamos orgullo de cerrar honorablemente un capítulo importante para todos los seres humanos, y habíamos previsto decidir, al término de nuestra reunión de hoy, cómo y en qué forma continuar con nuestro trabajo.

Este lunes también, todos llegaron muy puntuales. Habíamos decido celebrar esta reunión en un excelente restaurante chino donde hacían un pato laqueado memorable, frente a las torres Kio de la plaza de Castilla. Pero antes, íbamos a degustar en mi casa un coktail Manhattan preparado por Eduardo, lo que hicimos entre risas y chistes cosechados por Roberto y por Pedro, muy graciosos.

Una vez instalados en el restaurante, muy silencioso a esas horas, tempranas para la mentalidad madrileña, y encargados los entremeses variados y el pato, nos miramos con satisfacción y camaradería. ¡Cuánto habíamos crecido en tan corto tiempo y cuánto estábamos decididos a crecer juntos!

- Amigos —arrancó nuestra Eva, muy animosa- llegó el momento, creo, de reformularnos las preguntas de nuestra primera sesión y comprobar cuánto camino hemos recorrido desde entonces. Y os pregunto ¿a qué debemos, todos los seres humanos, tener miedo?

- A la enfermedad y a la muerte ya no los temo —anunció Pedro- pues me di cuenta de que ese miedo era tan sólo tristeza de perder mi vida cuando debería estar viviéndola a plenitud. ¿De qué me sirve vivir cien años malos, aterrado, sin rabia, sin saber defenderme, sin reaccionar, como si fuera una cosa inerme y no una persona, temblando de miedo a enfermar, siendo hipocondríaco, en vez de hacer de cada día un momento maravilloso que hay que vivir como si fuera el último? Todos somos mortales, y me huelo, después de nuestra última sesión, que la vida podría no terminar en esa muerte. De todas formas no me importa demasiado. Me parece tan patético negar otra vida, por cobardía, por la comodidad de no pensar, como vivir abocado a otra vida olvidándose de esta. Si hay algo más, ¡pues qué bien!, si no, pues también. Lo dramático es vivir de espaldas a lo que somos mientras estemos en esta tierra.

- ¡Bien dicho y mejor pensado –rio Roberto-¡Como ya quedó demostrado, vivíamos en efecto de espaldas a nosotros mismos ya que nuestro talento estaba ausente y nuestra verdadera vocación, aquella que nos aporta la plenitud, prohibida por esos seis ídolos, inexistentes por lo demás. Así es pura pérdida vivir, y estoy de acuerdo con Pedro en que esa vida aparente es una muerte disfrazada, que ese miedo es en realidad pura tristeza de no vivir en plenitud, en armonía interior.

- Yo -aseguró Maite -, ya no tengo miedo a rodearme mal, a elegir a personas tóxicas- pues el miedo auténtico, ya lo vimos, permite diagnosticar en cada momento la valía real de las personas y de las situaciones.

- Ni yo a hacer daño –dijo Eduardo- pues el miedo auténtico permite ser seguro, ético, delicado, sutil, armónico. Mi único miedo hoy en día es a no tener miedo, a desconectar el miedo de entre mis emociones, lo que me abocaría, de manera temeraria, a todos los peligros, y, lo que es peor, a ser un peligro para los demás.

- Ni yo tengo rabia ya al miedo –dije yo-, ya no tengo miedo a saber que mucho del amor salvador que daba a los peores era una manera de no admitir que algunos de los que me rodean son tóxicos y que lo que deseo es alejarlos de mí y buscar a otros amigos más dignos de recibir mi amor. Ya no voy más de caperucita por la vida. Me defiendo muy bien, y, es más, me encanta defender a los valiosos. Antes, cuando no sentía el miedo, justificaba a los malos y ponía así en peligro a los buenos.

- Y yo –aseguró Eva con radiante expresión de alegría, de certeza, de fuerza-, ya no tengo miedo a mi rabia, a lo único que le podría tener miedo sería a no sentirla, a no reaccionar. El miedo a perder mi vocación verdadera sería el único válido. Constato que a todos nosotros nos pasa igual: Preciada ya no tiene miedo a la alegría, ni Eduardo al miedo, ni Pedro a la tristeza, ni Roberto al orgullo, ni Maite al amor. A todos lo que nos aterraría es volver a perder esas vocaciones que nos hacen tan plenos.

- ¡Pues no! Pues no le tengo miedo a perder lo que estoy decido a no perder, a defender –puntualizó Pedro, y lo aplaudimos ruidosamente-. ¿Entonces no hay ya nada que temer en la vida?

- Sí que hay –dije yo- a dos cosas: a no tener miedo, como bien apuntó Eduardo, porque entonces ya no sabes defenderte y nadie puede estar seguro contigo, y también a la muerte en vida, como apuntó Pedro. Y *la muerte en vida es la desconexión voluntaria de cualquier emoción nuestra o de cualquier estructura o de cualquier sentido*. Y eso, solo la desconexión del miedo lo permite. Yo sólo tengo miedo a la muerte en vida, a la desconexión de parte de mi integridad. Pero hasta ese miedo desaparece si tenemos el orgullo de afirmar que somos creaciones de nuestro Creador y tan sólo de Él, pues ningún ídolo podrá conseguir que lo pongamos por encima de Dios y le sacrifiquemos partes vivas de nosotros, ninguno, ya sea éste ídolo mítico o doméstico. Tan sólo queda el miedo a perder el miedo como emoción, como energía responsable de nuestra seguridad. Pero, como tan sólo un ídolo temeroso, él sí, de perder su poder sobre nosotros nos pediría eso, eso que jamás nuestro Creador nos pediría pues entonces no nos lo habría dado, *no queda nada que temer y sí nos queda ahora la seguridad plena de poder fluir en armonía. ¿No es esto maravilloso: perder el miedo gracias al miedo?*

- ¿Y será igual con las demás emociones negativas –aventuró Maite-? ¿Podremos perder la aflicción gracias a la tristeza y la indignación gracias a la rabia?

- Pues claro que sí, al menos yo estoy convencida de ello – prometí yo-. Deberíamos ver si seguimos investigando con las demás emociones y sus funciones, y si sí, por cual seguir y cómo enfocar nuestro próximo seminario.

- ¡Pues por la tristeza! –lanzó Roberto- ¿o es que no vimos ya que el miedo sostenido lleva a la tristeza y que el miedo fundamentado y concientizado la evita? Además, estoy deseoso de atacar esa emoción que reconozco, intuitivamente por ahora, como talento mío. Y más ansiosos aún que yo, supongo a Pedro, cuya vocación es la tristeza y a Eva, que adolece de exceso de ella ¿o no, amigos?

- ¡Claro que sí! ¡Claro que sí –exclamó Pedro- y, siendo efectivamente esa mi vocación, el tan sólo pensar que gracias a mi tristeza os podría apartar el dolor de vuestras vidas me hace sentir taquicardia de ansiosa urgencia!

- ¡Entonces no se hable más, seguiremos reuniéndonos el lunes próximo y todos los demás! –propuso Eva-.

- Yo creo que podríamos adaptar la forma al contendido – propuso Roberto-. Preciada dijo que el miedo, como forma literaria, correspondía al diario. Y todas las semanas, la lectura de un capítulo de su diario que nos envía cada viernes por correo electrónico nos encanta y nos mantiene unidos e informados. ¿Qué género corresponde a la tristeza?

- ¿Los cuentos tal vez? –aventuró Eva-, por lo cortos, digo.

- ¿La cartas? –reveló Pedro- me refiero a que nada como una carta para hacer desaparecer la sensación de lejanía, de falta de comunicación.

- Los ensayos también –aseguré yo- ya que son ideas, producto de nuestra mente, que es la que funciona mejor con la tristeza. Sí, no me miréis así de patidifusos, lo primero que descubriremos es que no hay mente sin tristeza, ya veréis, ni inteligencia tampoco.

- Con razón sabía que esa era mi vocación –rio Pedro-. ¡Ya veréis el humo que va a salir de mis fontanelas, chicos!

- Yo optaría por las cartas, electrónicas y no electrónicas. Es más íntimo –aseguró Maite-.

- ¿Eso significa que vamos a dejar de reunirnos en nuestras tertulias emocionales? –protestó Roberto- eso sí que me dolería. A menos que aprovechemos las vacaciones de semana santa, pero eso nos haría perder tiempo sin trabajar y yo estoy ansioso de continuar –añadió, al tiempo que todos aprobaban ruidosamente para marcar su impaciencia-.

- Creo que podríamos escribirnos cartas y reunirnos, dejando por escrito en nuestras cartas nuestras impresiones sobre los momentos vividos juntos.

- Es un poco rollo –protestó Roberto- a mí no me gustan las cartas.

- ¡Claro, gatito, están ligadas a la tristeza y aún no has asumido tu talento! –dije riendo- Apoyo la moción de Maite. Y me gustaría, para cerrar, *que cada uno evalúe en qué y cómo su seguridad aumentó.* Por mi parte, aprendí tanto gracias a vosotros que pude conectar ese miedo que tenía desenchufado por completo. Ya no me lanzo como loca a salvar a los más terribles y tóxicos elementos diciendo: "pobrecito o pobrecita, no se da cuenta, es bueno pero no fue consciente de haber hecho daño". Ahora diagnostico y me alejo de ellos y, como resultado, descubro que puedo ser amada por gente mejor, sin tener que hacer milagros para lograr su aprobación. Ya no me perdonan la vida. Descubro que soy amada y eso me hace muy feliz.

- Y yo –dijo Eduardo-, ya habéis podido ver en mí una verdadera metamorfosis. Soy otro hombre, vivo en armonía conmigo y con el mundo, al que, me doy cuenta, respeto y amo más que a mi vida, empezando por mi Eva –añadió besando la mano de su amiga-. Ya no creo que el mundo sea una jungla, sino la creación de un Creador perfecto cuyo orden de amor y armonía me encanta revelar y actuar para los demás. Yo asumí mi vocación de profeta de un mundo de pertenencia, de paz y armonía, de fraternidad, y renuncié para siempre a esa carga de deber ser un depredador tramposo por cobardía de no creer en el amor de los demás, cuando en realidad, como todos los que acusan, proyectaba mi propia falta de amor, mi falta de valentía para jugármela por el amor, más bien. Pero eso fue ayer, eso es pasado, para siempre revocado, por lo demás.

- Y yo –manifestó Eva-, soy, además de inteligente, lista. Porque soy rápida ahora, sé reaccionar muy velozmente a las mentiras, injusticias, vejaciones, sé poner orden, y, más que orden, hacer cultura. Sí, cultura, porque justicia es cultura, es el sistema de valores biófilos que todos necesitamos para crecer en seguridad. Cuando pienso que antes yo era la principal hacedora y sostenedora de una cultura, por lo demás extendidísima en la tierra, de envidia a la creación y a los genios, de conformismo, de fatalismo, de resignación, cuando pienso que con mis lágrimas de piedra, sí, de piedra, convertía este mundo maravilloso en un inmenso cementerio petrificado, donde nada tenía que moverse ni cambiar, me da horror de mí, y de ese horrendo dios que era el mío, el tal Sísifo, por quien siento un rechazo puro y duro hoy.

- Y yo –nos reveló Maite-, Ya soy feliz. Me despierto cantando y voy a la ducha bailando. Soy alegría y todo es alegría, es fluir a mi alrededor. No había nada que sostener, contrariamente a lo que me hacía creer mi ídolo Atlas, si no que dejar ser, dejar fluir. Un autor de psicología, Fritz Perls, ya sabéis, el creador de la Gestalt, decía "No empujes el río porque fluye solo". Y ese río soy, ahora, yo misma: discurro entre flores y bambúes y doy cobijo y nutrición, ¡con cuanto amor!, a miles de pececillos de colores mientras que niños desnudos se bañan en mí. Ese es el milagro del amor. Y creo que, cuando lleguemos al amor, me refiero a cuando nos toque investigar sobre el amor, esos diálogos internos culpabilizantes, ya muy escasos, desaparecerán para siempre. Nací para el amor, que aún no sé bien qué es, ya que veo, con el miedo, y eso que Preciada nos dice que el miedo es la emoción más sencilla, todo el universo que pudimos abrir y explorar. Me imagino que la tristeza será un universo aún más rico, y el que siga, aún más, y eso hasta llegar a nuestra sexta dimensión. Esto es la aventura más plena que conozco y os la debo a todos vosotros, mis mejores amigos.

- Y yo –pronunció Roberto-, soy humano, ya no necesito volar en las alturas porque estoy reconciliado con el mundo. Y cuando pienso, porque ahora, pienso –rio-, que si es verdad que representamos los seis tipos de humanos, este planeta, con el cual estaba tan resentido, está poblado de seres como vosotros, potencialmente como vosotros, como mi gatita, entonces me siento haber sido un burro al haber berreado durante tantos años en vez de llorar de una vez dolores pasados, y al haber hecho pagar a justos por pecadores. Y tampoco tengo ya esa visión maniquea en blanco y negro, de bien y mal en permanente lucha. Creo en toda la gama cromática, en todos los matices, en todas las sutilezas, y, sobre todo en la capacidad de crecer, de crear y de ser, del ser humano, vale decir que de transformarse, como nosotros empezamos a hacerlo. Y propongo que pidamos champán, y del bueno, *para celebrar nuestro acceso, sin haber hecho una sola víctima, a la verdadera seguridad*. Y os invito a mi casa el próximo lunes, sí, no me miréis así, este desarraigado también tiene casa, y hasta, ahora, un hogar, y seguro, que es vuestra casa también.

www.ingramcontent.com/pod-product-compliance
Lightning Source LLC
Chambersburg PA
CBHW070353290526
45790CB00004B/1464

* 9 7 8 1 5 0 8 9 6 7 2 2 4 *